New
Bilingual Visual
Dictionary

English–Urdu

Milet

Milet Publishing
Smallfields Cottage, Cox Green
Rudgwick, Horsham, West Sussex
RH12 3DE England
info@milet.com
www.milet.com
www.milet.co.uk

First English–Urdu edition published by Milet Publishing in 2017

ISBN 978 1 78508 895 7

Text by Sedat Turhan & Patricia Billings
Illustrated by Anna Martinez
Designed by Christangelos Seferiadis

Printed and bound in China by 1010 Printing International Ltd, March 2017.

Contents

falcon

باز

eagle

عقاب / چیل

flamingo

بشروش / لال لم ٹنگو

heron

بگلا

swan

ہنس

pelican

ماہی خور آبی پرندہ

gull

بحری بگلا

swallow
ابابیل

lovebird
افریقی طوطا

crow
کوا

pigeon
کبوتر

robin
رابن

stork
سارس

ostrich
شتر مرغ

peacock
مور

sparrow
چڑیا

parrot
طوطا

wing
پَر

beak
چونچ

owl
اُلُّو

claw
پنجہ

tail
دم

woodpecker
بد بد، کٹھ پھوڑا

birdcage
پنجرہ

vulture
گدھ

egg
انڈا

feather
پنکھ / پَر

pet
پالتو جانور

dog
کتا

puppy
کتے کا بچہ

pet bed
جانور کا بستر

cat
بلی

kitten
بلی کا بچہ

crest
قلغی

chick
چوزہ

hen
مرغی

rooster
مرغا

horse
گھوڑا

donkey
گدھا

camel
اونٹ

duck
بطخ

goose
ہنس

turkey
پیلو / فیل مرغ

barn
اناج کا گودام

cow
گائے

bull
سانڈ

calf
بچھڑا

pig
سوّر

sheep
بھیڑ

lamb
بھیڑ کا بچہ

goat
بکری

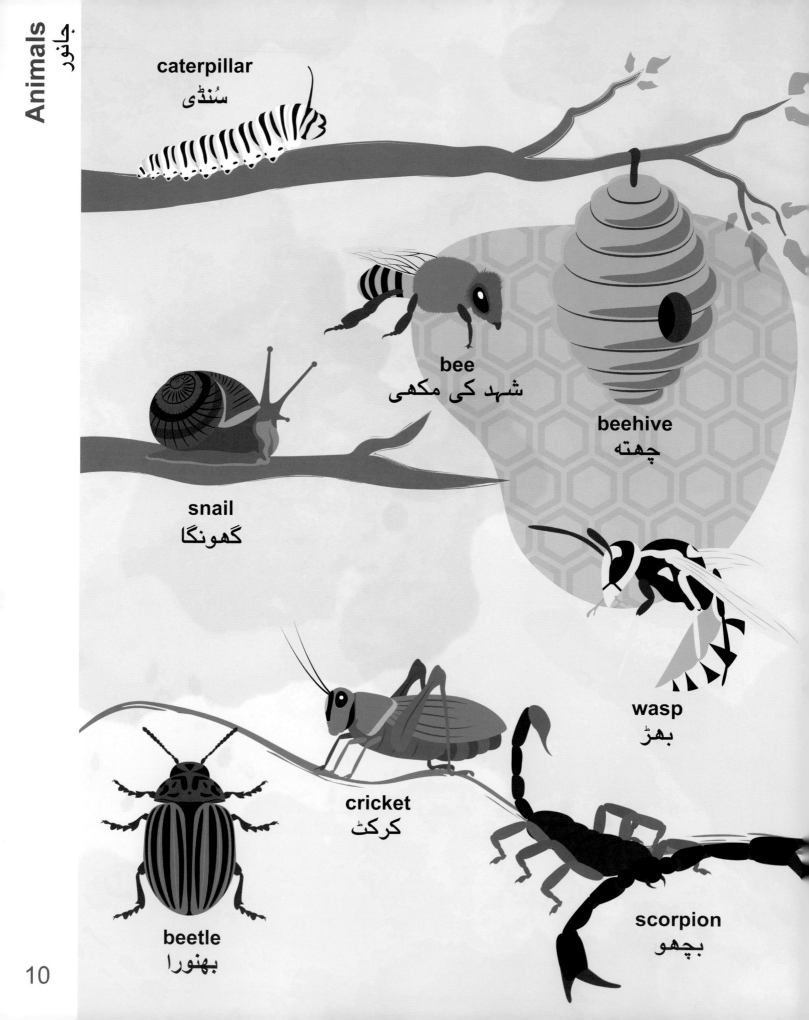

caterpillar
سُنڈی

bee
شہد کی مکھی

beehive
چھتہ

snail
گھونگا

wasp
بھڑ

cricket
کرکٹ

beetle
بھنورا

scorpion
بچھو

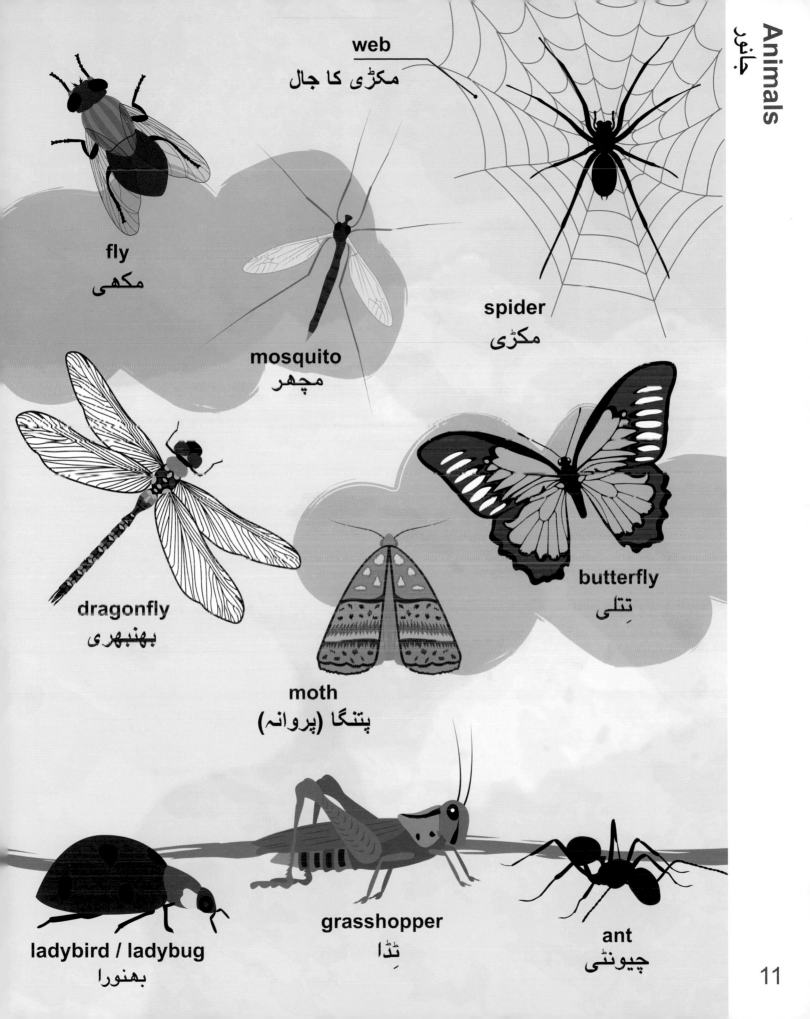

web
مکڑی کا جال

fly
مکھی

mosquito
مچھر

spider
مکڑی

dragonfly
بھنبھری

moth
پتنگا (پروانہ)

butterfly
تِتلی

ladybird / ladybug
بھنورا

grasshopper
ٹِڈا

ant
چیونٹی

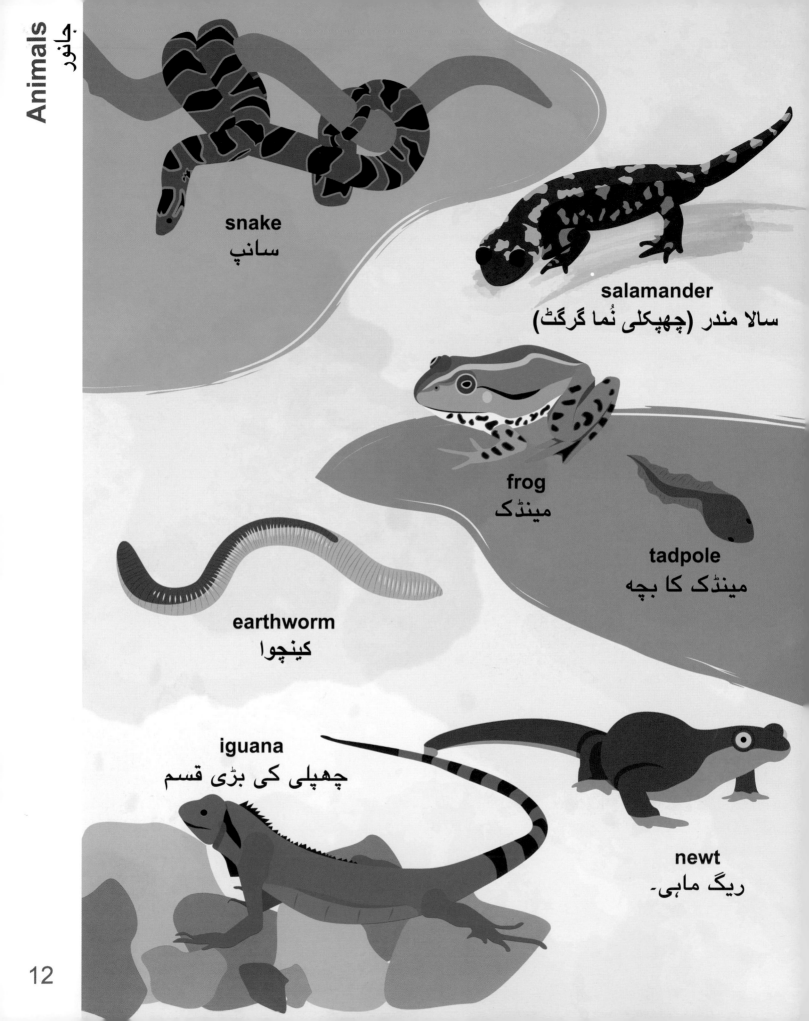

snake
سانپ

salamander
سالا مندر (چھپکلی نُما گرگٹ)

frog
مینڈک

tadpole
مینڈک کا بچہ

earthworm
کینچوا

iguana
چھپلی کی بڑی قسم

newt
ریگ ماہی۔

chameleon
گرگٹ

lizard
چھپکلی

crocodile
مگرمچھ

toad
بھدے جسم کا مینڈک

tortoise
کچھوا

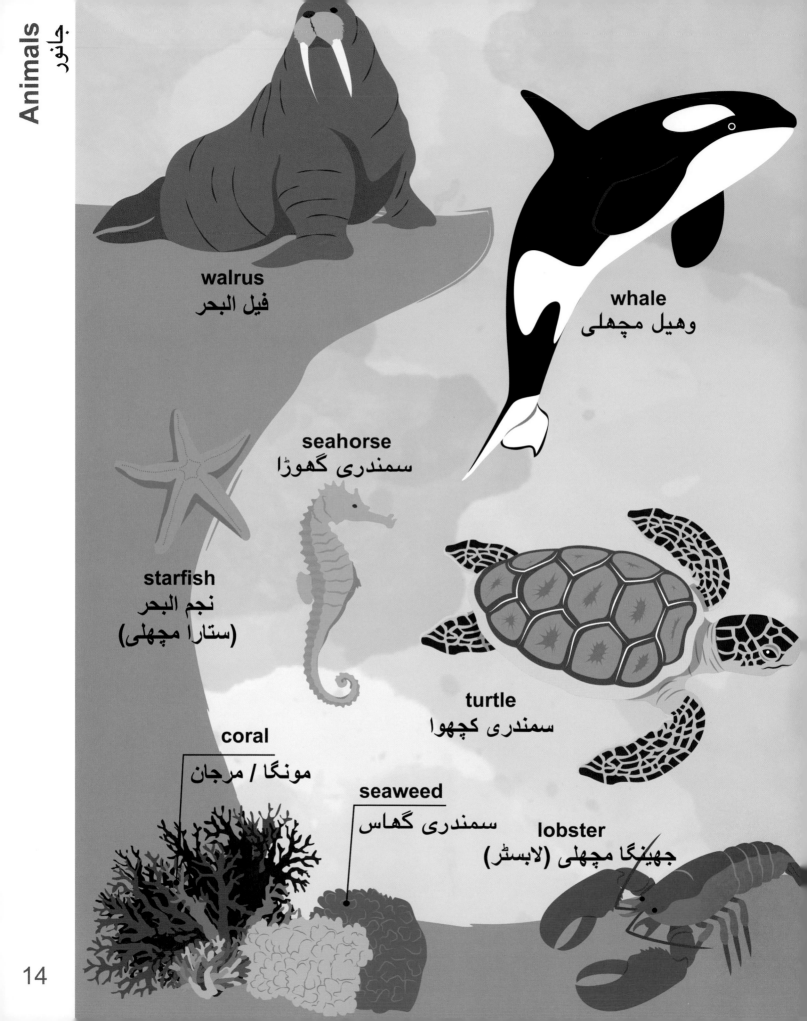

walrus
فیل البحر

whale
وہیل مچھلی

seahorse
سمندری گھوڑا

starfish
نجم البحر
(ستارا مچھلی)

turtle
سمندری کچھوا

coral
مونگا / مرجان

seaweed
سمندری گھاس

lobster
جھینگا مچھلی (لابسٹر)

14

seal
سمندری سیل

penguin
پینگوئن

dolphin
ڈالفن مچھلی

octopus
اَکٹوپس / اخبوط
(آٹھ ہاتھوں والا کیکڑا)

jellyfish
جیلی فش،

fish
مچھلی

crab
کیکڑا

crayfish
جھینگا مچھلی

koala
افریقی ریچھ

bat
چمگادڑ

kangaroo
کنگرو

raccoon
خرسک (راکون - گوشت خور)

llama
لاما (اونٹ نُما)

skunk
امریکی گوشت خور
(نیولے نُما) جانور

bear
ریچھ

polar bear
قطبی ریچھ

elephant
ہاتھی

tusk
ہاتھی دانت

trunk
سونڈ

panda
پانڈا

fox
لومڑی

wolf
بھیڑیا

chimpanzee
افریقی بن مانس

gorilla
بَن مانس / گوریلا

zebra
زیبرا

hippopotamus
دریائی گھوڑا

rhinoceros
گینڈا

horn
ہارن۔ ہینگ

fawn
ہَرنوٹا / ہرن کا بچہ

deer
ہرن

giraffe
زرافہ

leopard
تیندوا (چیتا)

tiger
چیتا

mane
شیر کی گردن کے ب

lion
شیر

cub
شیر کا بچہ

mole
تل

hedgehog
خار پشت

tail
دم

squirrel
گلہری

mouse
چوہا

rat
چوہا

rabbit
خرگوش

otter
اود بلاود (پانی کاجانور)

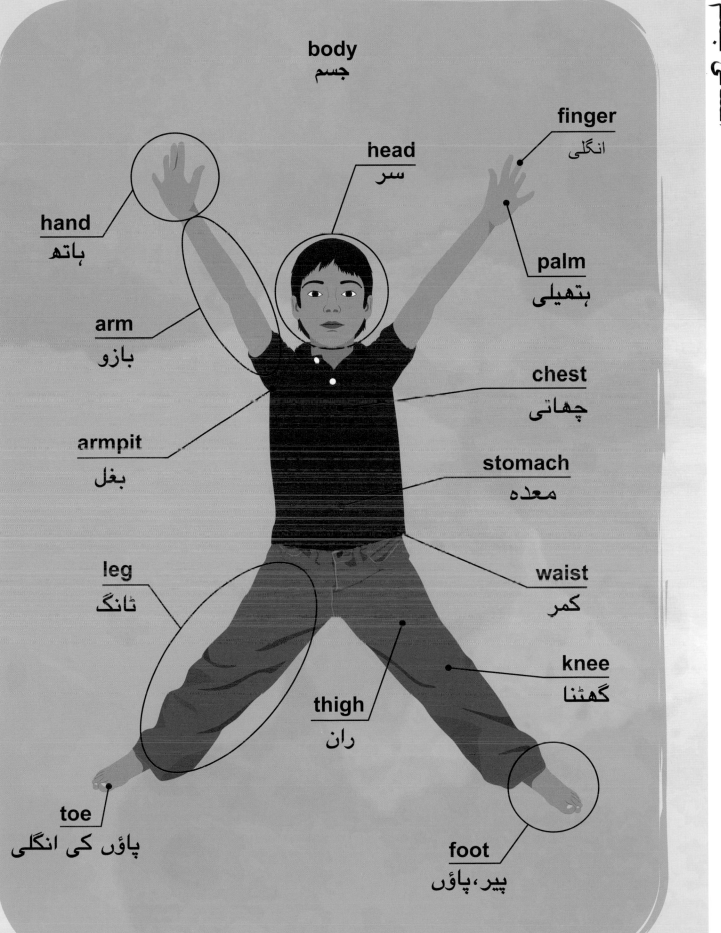

body
جسم

finger
انگلی

head
سر

hand
ہاتھ

palm
ہتھیلی

arm
بازو

chest
چھاتی

armpit
بغل

stomach
معدہ

leg
ٹانگ

waist
کمر

knee
گھٹنا

thigh
ران

toe
پاؤں کی انگلی

foot
پیر، پاؤں

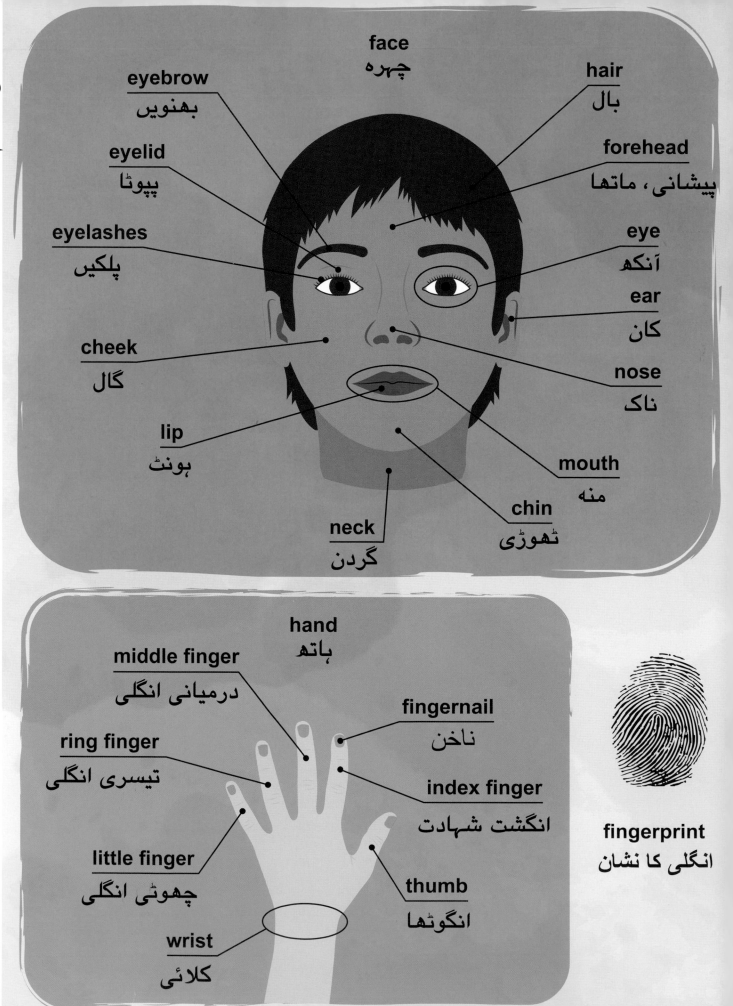

face
چہرہ

eyebrow
بھنویں

hair
بال

eyelid
پپوٹا

forehead
پیشانی، ماتھا

eyelashes
پلکیں

eye
آنکھ

ear
کان

cheek
گال

nose
ناک

lip
ہونٹ

mouth
منہ

neck
گردن

chin
ٹھوڑی

hand
ہاتھ

middle finger
درمیانی انگلی

fingernail
ناخن

ring finger
تیسری انگلی

index finger
انگشت شہادت

little finger
چھوٹی انگلی

thumb
انگوٹھا

wrist
کلائی

fingerprint
انگلی کا نشان

22

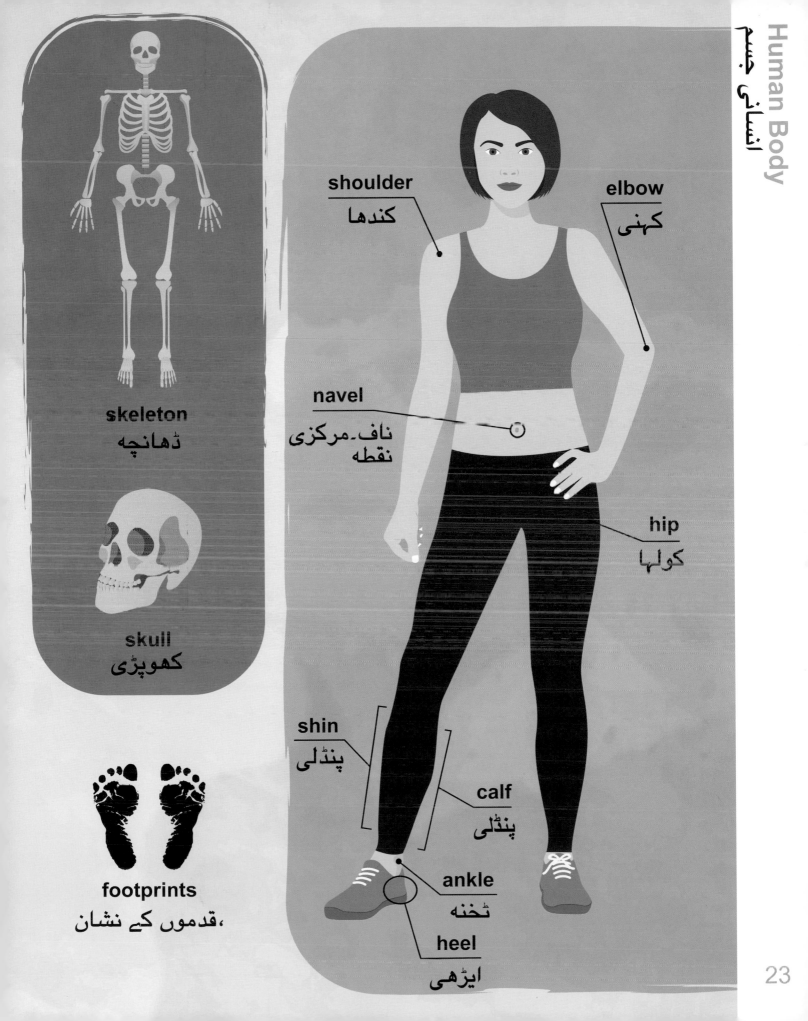

skeleton
ڈھانچہ

skull
کھوپڑی

footprints
قدموں کے نشان،

shoulder
کندھا

elbow
کہنی

navel
ناف-مرکزی
نقطہ

hip
کولہا

shin
پنڈلی

calf
پنڈلی

ankle
ٹخنہ

heel
ایڑھی

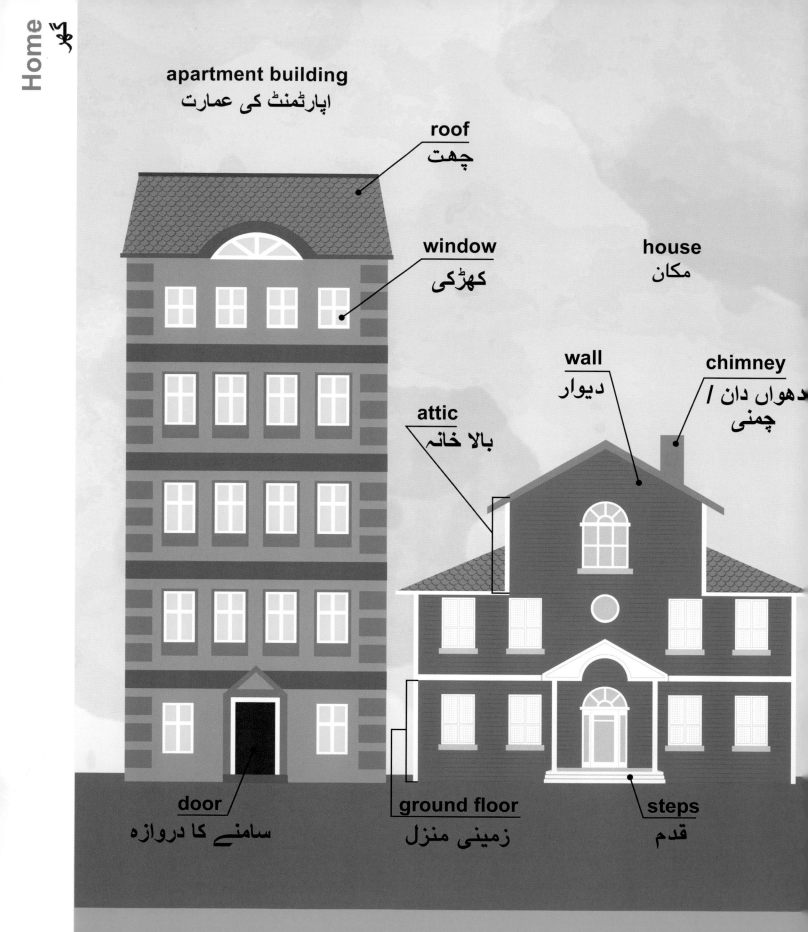

apartment building
اپارٹمنٹ کی عمارت

house
مکان

roof
چھت

window
کھڑکی

wall
دیوار

chimney
دھواں دان /
چمنی

attic
بالا خانہ

door
سامنے کا دروازہ

ground floor
زمینی منزل

steps
قدم

fireplace
آتِش دان

ceiling
چھت

curtain
پردہ

floor
فرش

sofa
صوفہ

armchair
بازو دار کرسی

cushion
گدی

folding chair
تہہ ہونے والی کرسی

rug
قالین

rocking chair
جھولنے والی کرسی

25

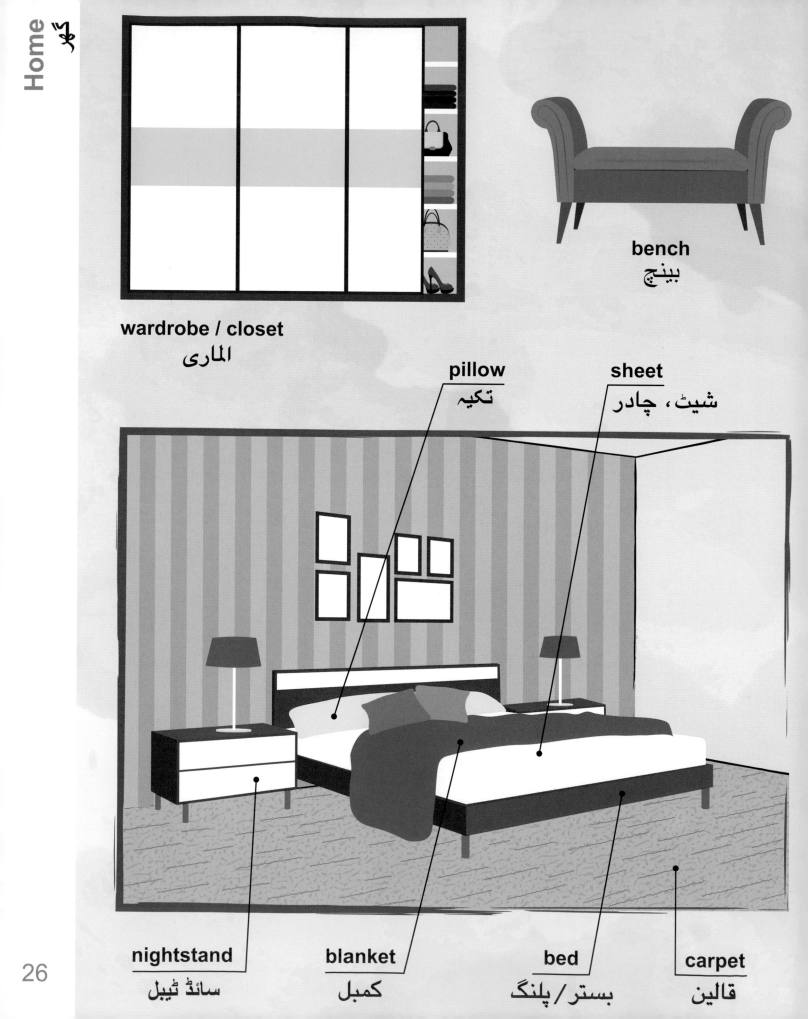

bench
بینچ

wardrobe / closet
الماری

pillow
تکیہ

sheet
شیٹ، چادر

nightstand
سائڈ ٹیبل

blanket
کمبل

bed
بستر/پلنگ

carpet
قالین

shower
شاور، نوا

bathtub
باتھ ٹَب

shelf
شیلف، مچان

mirror
آئینہ

tap / faucet
نل

towel
تولیہ

sink
برتن / منہ ہاتھ دھونے کی جگہ

toilet
بیت الخلا

toilet paper
ٹِشو رول

sponge
دھلائی / صفائی کیلئے فوم

soap
صابن

console
شو کیس

chair
کرسی

ceiling lamp
چھت کا لیمپ

dining table
میز

cabinet
الماری

place setting
کھانے کے برتن

stool
اونچی کرسی

range hood
چمنی

oven
اوون
(برقی تندور)

drawer
دراز

cabinet
الماری

refrigerator
فریج

frying pan
تلنے والا برتن / فرائی پان

slow cooker
ہلکی آنچ کا کُکر

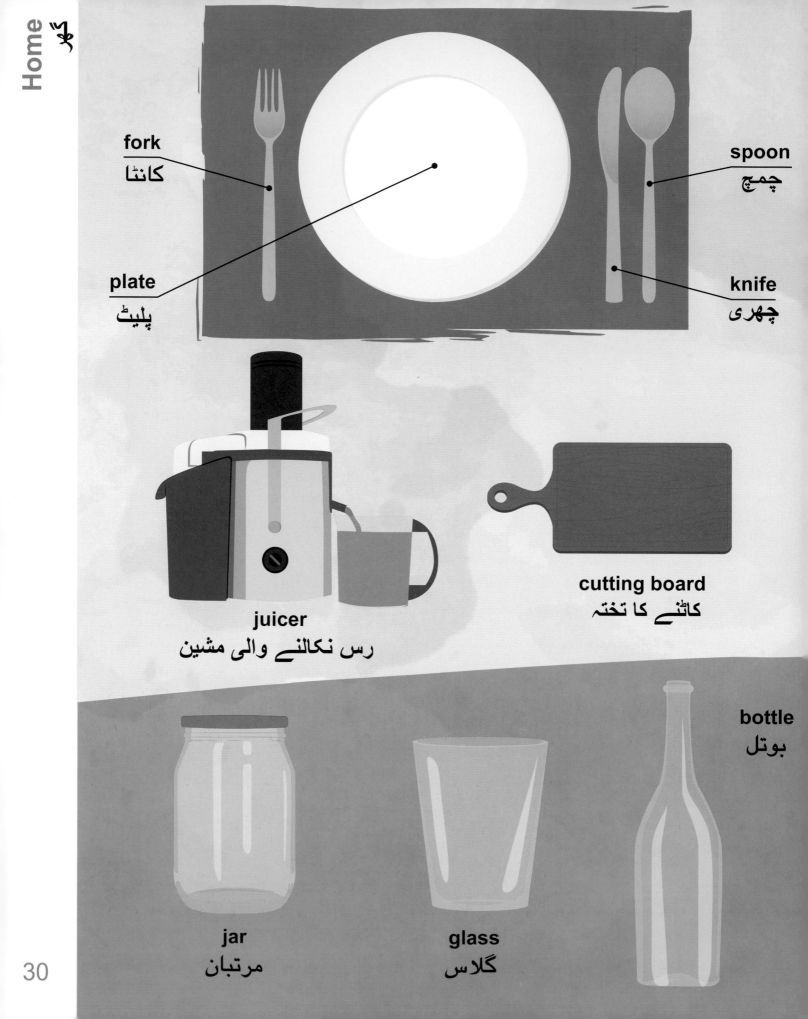

fork
کانٹا
spoon
چمچ
plate
پلیٹ
knife
چھری

juicer
رس نکالنے والی مشین

cutting board
کاٹنے کا تختہ

jar
مرتبان

glass
گلاس

bottle
بوتل

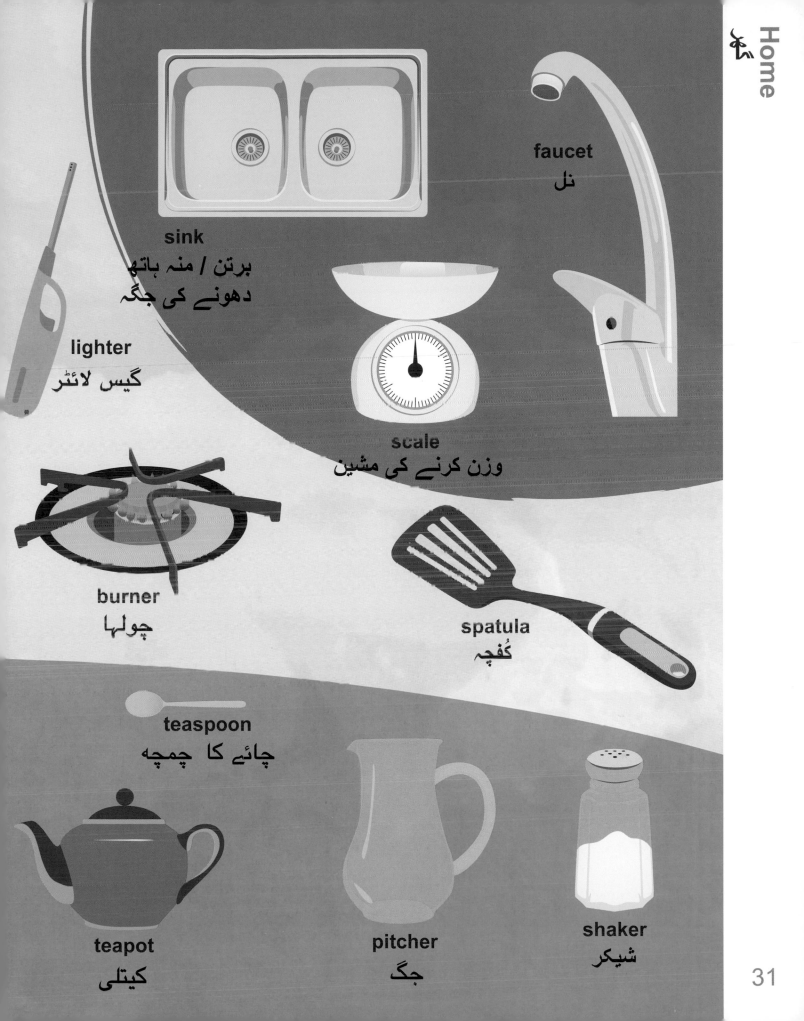

sink
برتن / منہ ہاتھ
دھونے کی جگہ

faucet
نل

lighter
گیس لائٹر

scale
وزن کرنے کی مشین

burner
چولہا

spatula
کُفچہ

teaspoon
چائے کا چمچہ

teapot
کیتلی

pitcher
جگ

shaker
شیکر

mixer

پھینٹنے کی مشین

toaster oven

ٹوسٹر اوون

food processor

فوڈ پراسیسر

blender

بلینڈر

toaster

توس سینکنے کا برقی آلہ

microwave oven

مائکرو ویو وون

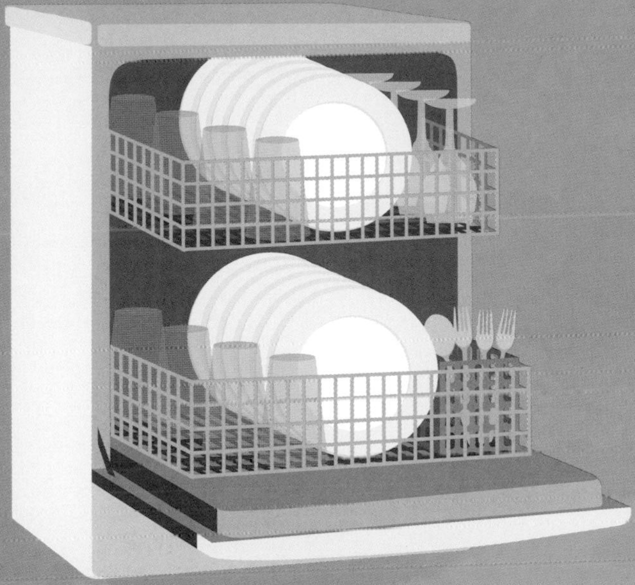

dishwasher
ڈش واشر

washing machine
واشنگ مشین

duster
جھاڑن

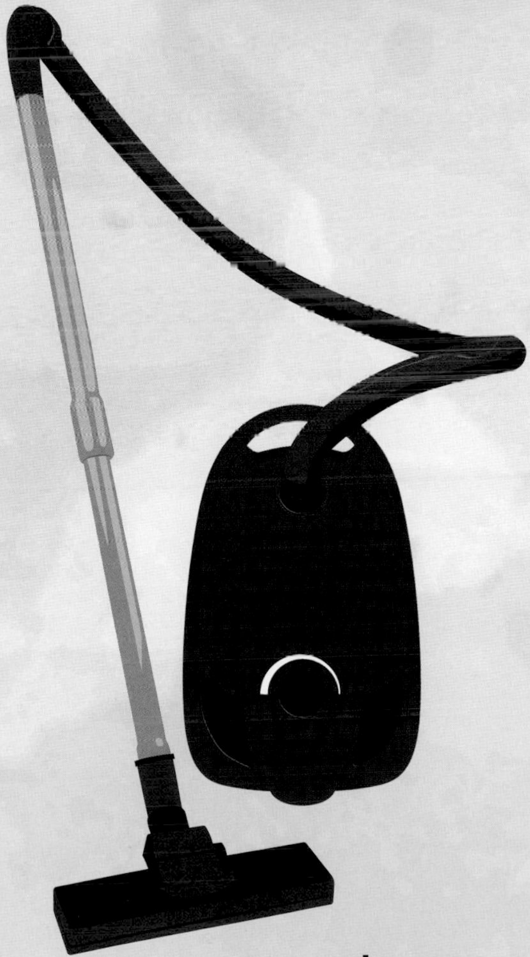

iron
استری

vacuum cleaner
ویکیوم کلینر

ceiling fan

چھت کا پنکھا

chandelier

فانوس

spotlight

چھوٹی لائٹ

table lamp

میز کا لیمپ

floor lamp

فرشی لیمپ

desk lamp

ڈیسک لیمپ

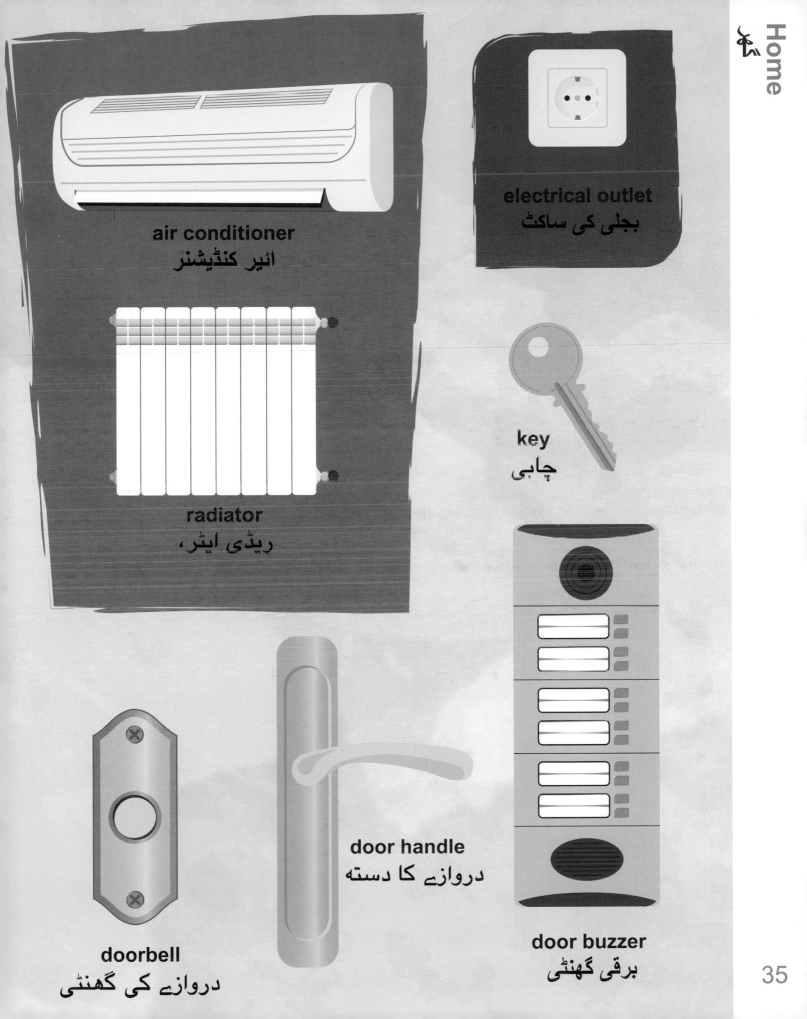

air conditioner

ائیر کنڈیشنر

electrical outlet

بجلی کی ساکٹ

key

چابی

radiator

ریڈی ایٹر،

door handle

دروازے کا دستہ

doorbell

دروازے کی گھنٹی

door buzzer

برقی گھنٹی

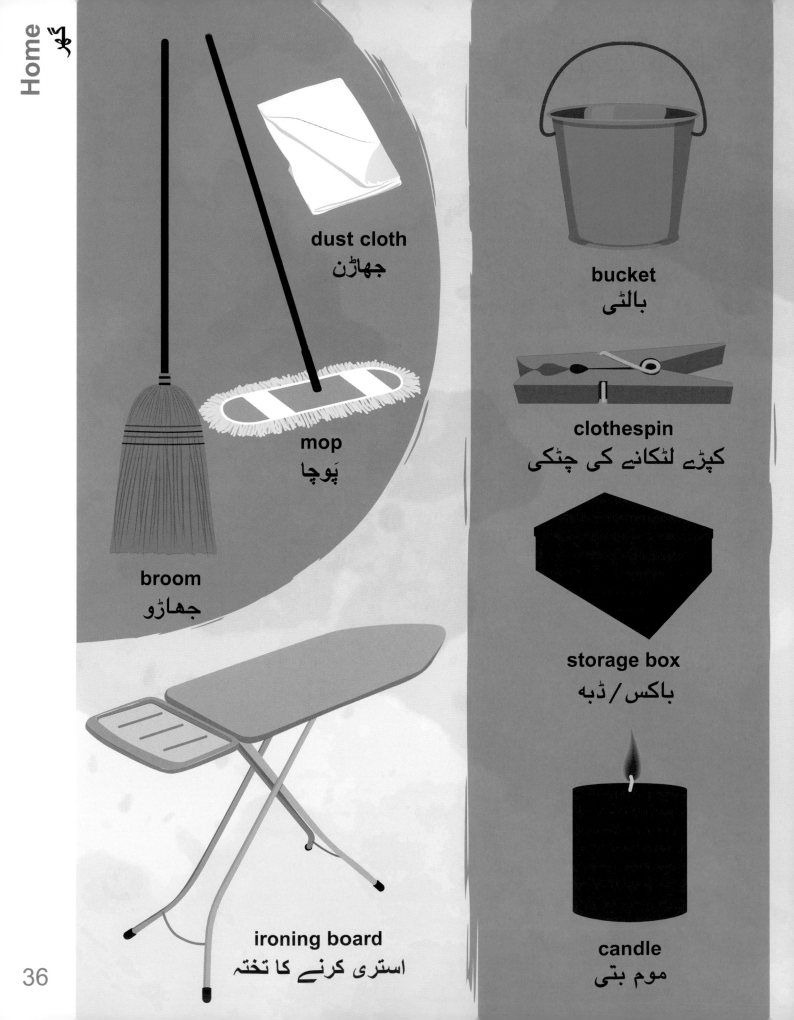

dust cloth
جھاڑن

mop
پَوچا

broom
جھاڑو

ironing board
استری کرنے کا تختہ

bucket
بالٹی

clothespin
کپڑے لٹکانے کی چٹکی

storage box
باکس / ڈبہ

candle
موم بتی

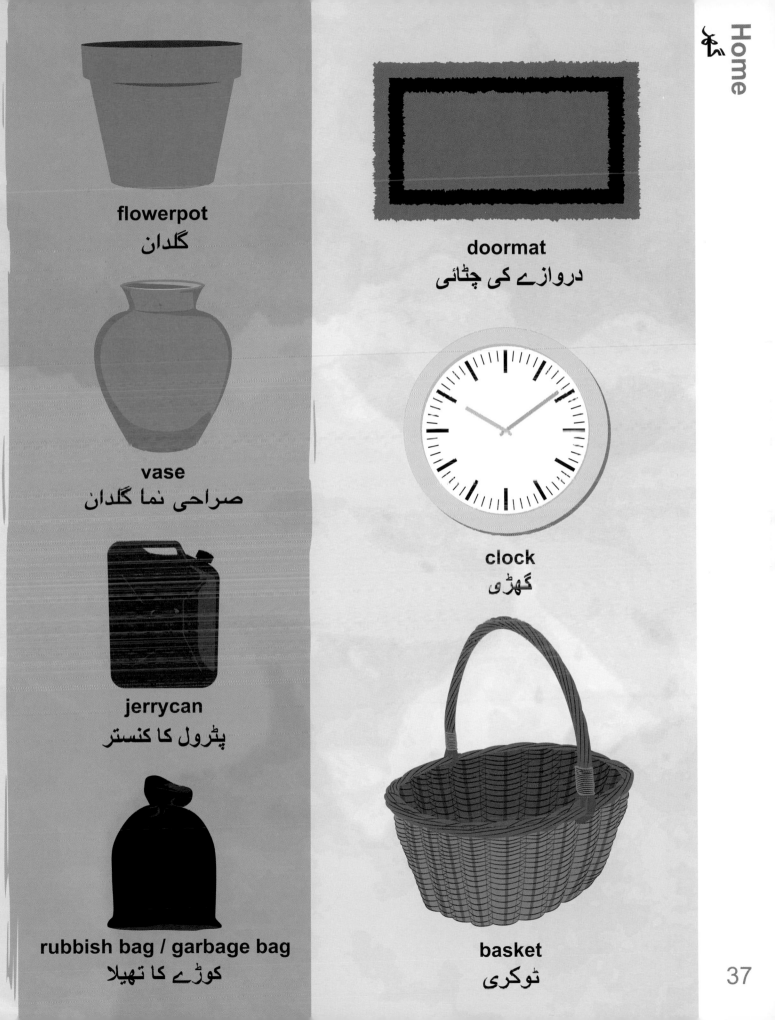

flowerpot
گلدان

vase
صراحی نما گلدان

jerrycan
پٹرول کا کنستر

rubbish bag / garbage bag
کوڑے کا تھیلا

doormat
دروازے کی چٹائی

clock
گھڑی

basket
ٹوکری

dress
لباس

blouse
عورتوں کی چھوٹی قمیض

hat
ٹوپی

tie
ٹائی

skirt
سکرٹ

pumps
پمپی جوتے

bow tie
بَو ٹائی

suit
سوٹ

shoes
جوتے

cap
ٹوپی

belt
بیلٹ / کمربند

shirt
قمیض

T-shirt
ٹی شرٹ

pocket
جیب

shorts
جھانگیا (نیکر)

jeans
جینز کی پتلون

shoelaces
تسمہ

sandals
چپل

trainers / sneakers
جوگر، جوتے

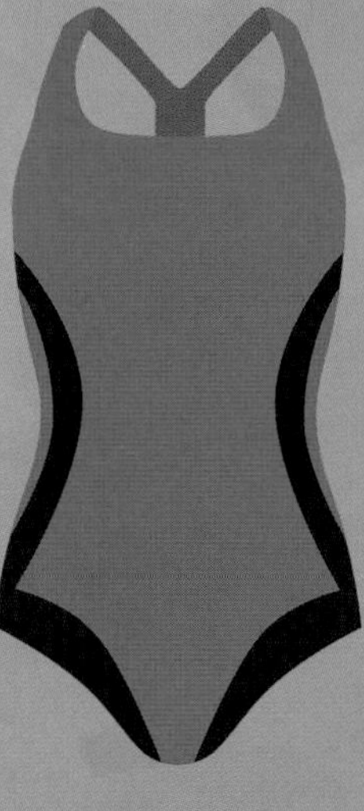

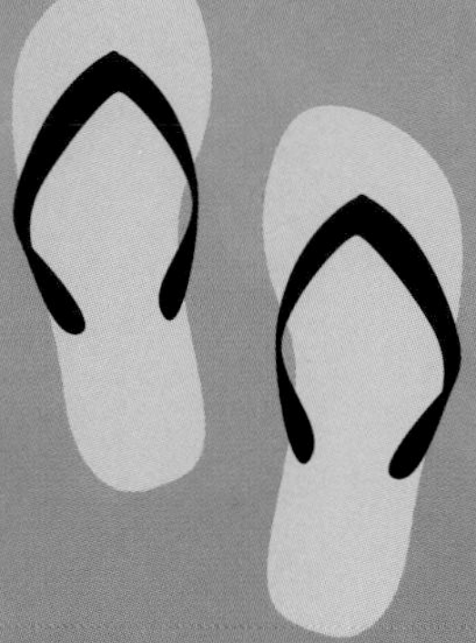

کپڑے اور ذاتی اشیاء ضروریات

swimsuit

تیراکی کا لباس

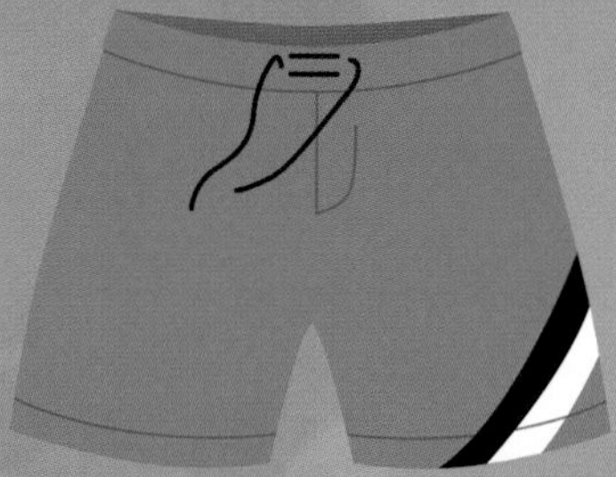

flip-flops

ہوائی چپل

bathrobe

نہانے کا چُغہ

swim trunks

تیراکی کیلئے جھانگیہ

slippers

جوتیاں

sweater

سویٹر۔ جرسی

cardigan

عورتوں کا اُونی سویٹر

boots

جوتے

tracksuit

ٹریک سوٹ۔ ورزش کا لباس

trousers

پتلون

coat

کوٹ

gloves

دستانے

scarf

اسکارف

socks

موزے، جرابیں

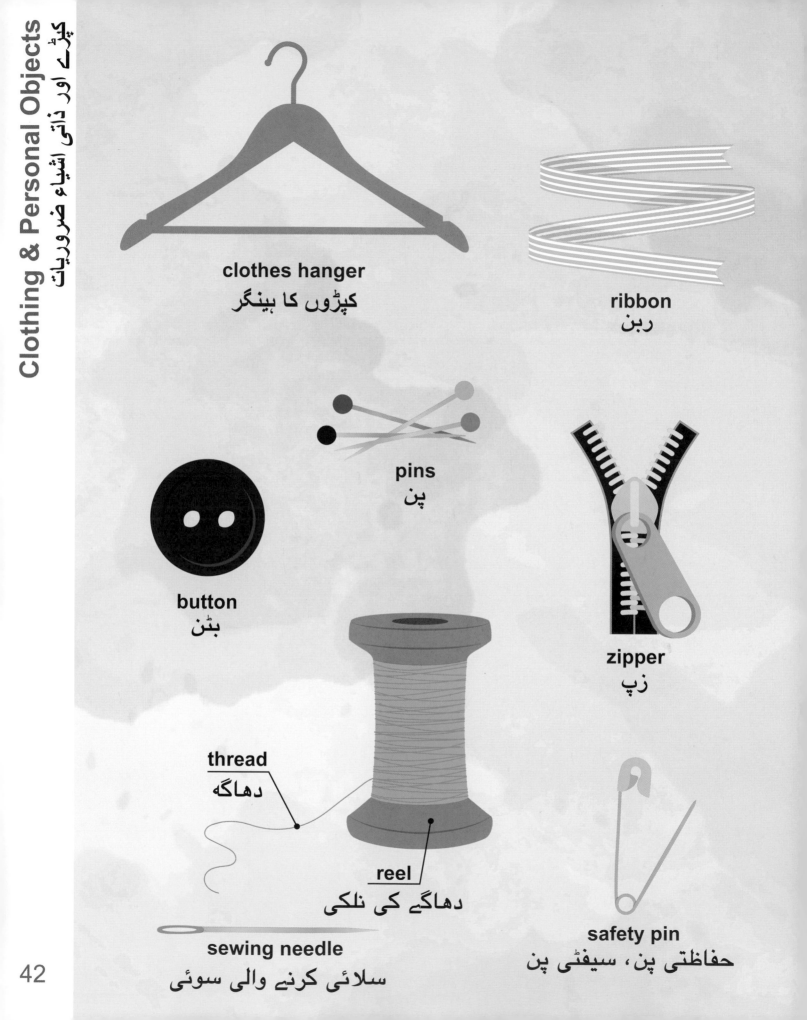

clothes hanger
کپڑوں کا ہینگر

ribbon
ربن

pins
پن

button
بٹن

zipper
زپ

thread
دھاگہ

reel
دھاگے کی نلکی

sewing needle
سلائی کرنے والی سوئی

safety pin
حفاظتی پن، سیفٹی پن

eyeglasses
عینک

passport
پاسپورٹ

wallet
پرس

purse
پرس، بٹوا

sunglasses
دھوپ کی عینک

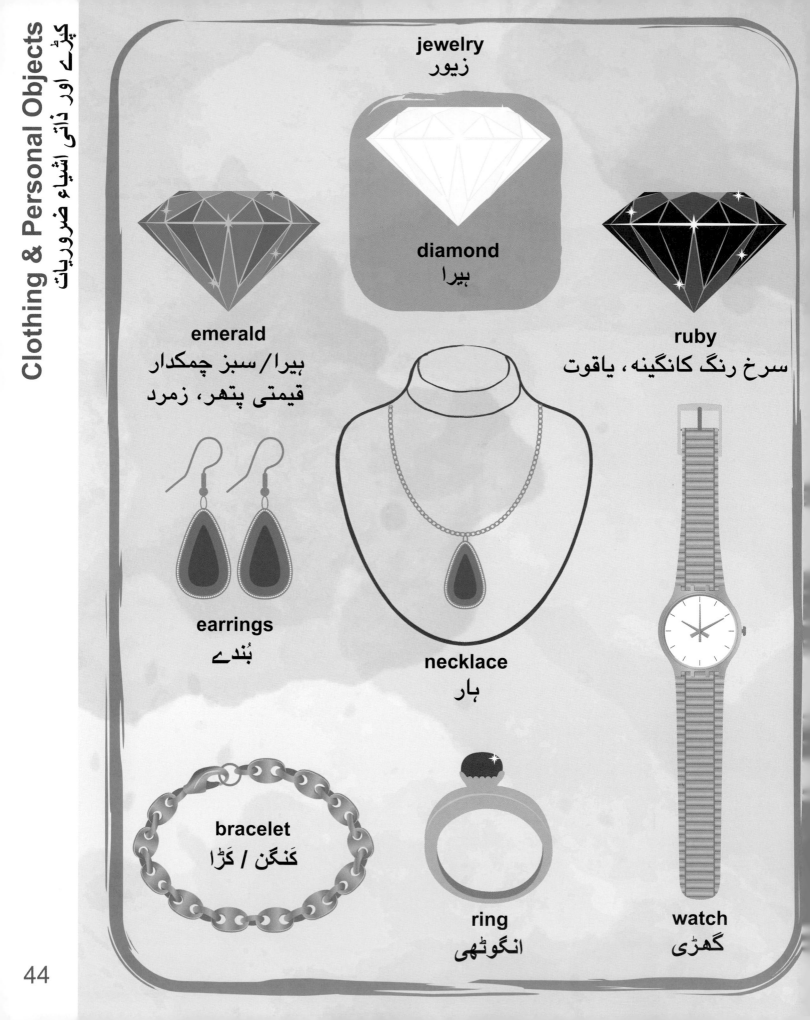

jewelry
زیور

diamond
ہیرا

emerald
ہیرا/سبز چمکدار قیمتی پتھر، زمرد

ruby
سرخ رنگ کانگینہ، یاقوت

earrings
بُندے

necklace
ہار

bracelet
کَنگَن / کَڑا

ring
انگوٹھی

watch
گھڑی

umbrella

چھتری

suitcase

کپڑے رکھنے کا بیگ

briefcase

بریف کیس

handbag

پَرس

backpack

بستہ

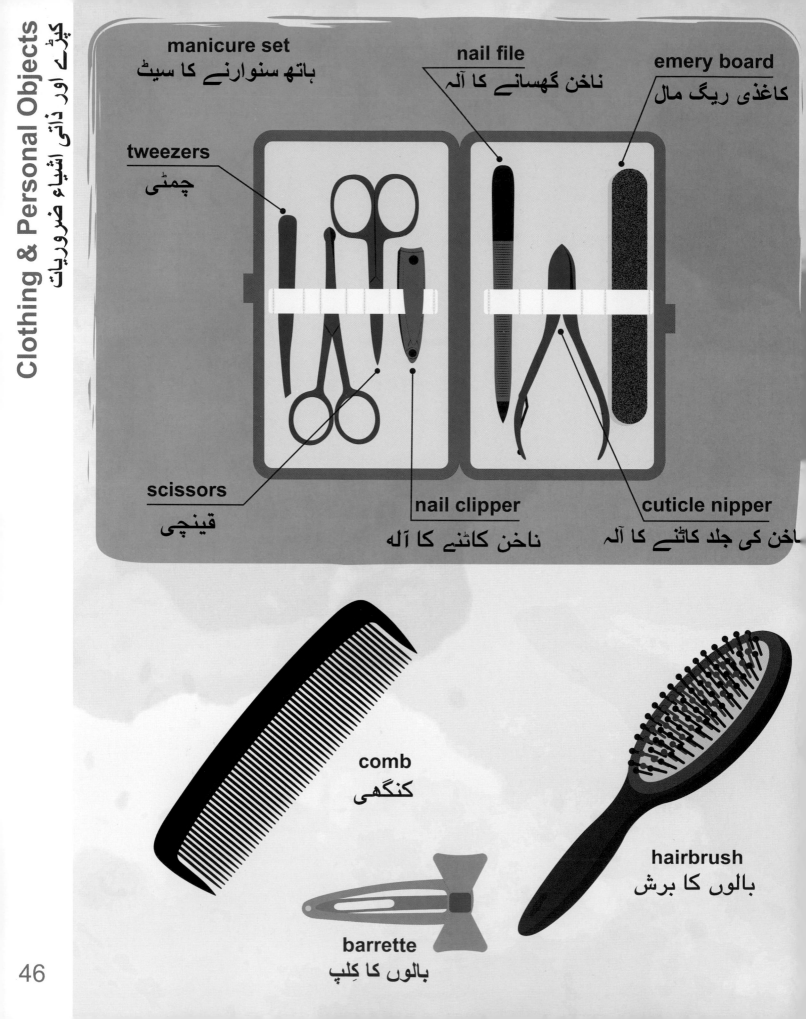

manicure set
ہاتھ سنوارنے کا سیٹ

nail file
ناخن گھسانے کا آلہ

emery board
کاغذی ریگ مال

tweezers
چمٹی

scissors
قینچی

nail clipper
ناخن کاٹنے کا آلہ

cuticle nipper
اخن کی جلد کاٹنے کا آلہ

comb
کنگھی

hairbrush
بالوں کا برش

barrette
بالوں کا کِلپ

toothpaste
ٹوتھ پیسٹ

toothbrush
دانتوں کا برش

perfume
خوشبو / عطر

electric razor
برقی اُسترا

razor
استرا

hair dryer
بال خشک کرنے
والی مشین

shaving brush
شیو کا برش

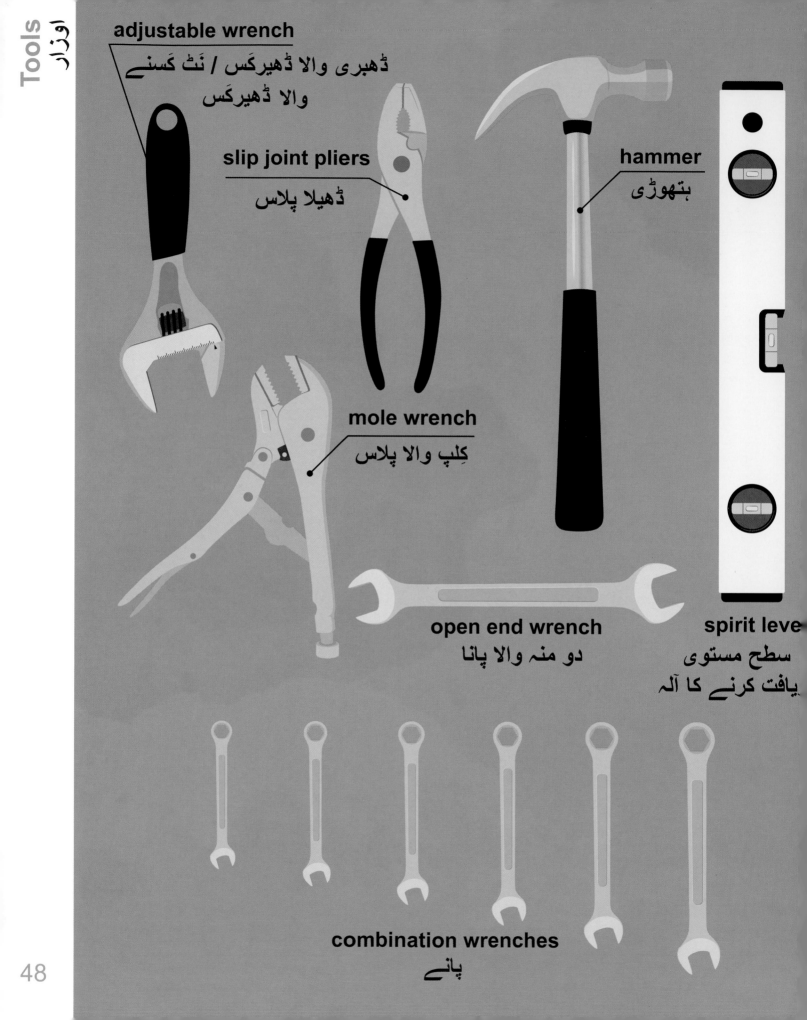

adjustable wrench
ڈھبری والا ڈھیرکَس / نَٹ کَسنے
والا ڈھیرکَس

slip joint pliers
ڈھیلا پلاس

hammer
ہتھوڑی

mole wrench
کِلپ والا پلاس

open end wrench
دو منہ والا پانا

spirit leve
سطح مستوی
یافت کرنے کا آلہ

combination wrenches
پانے

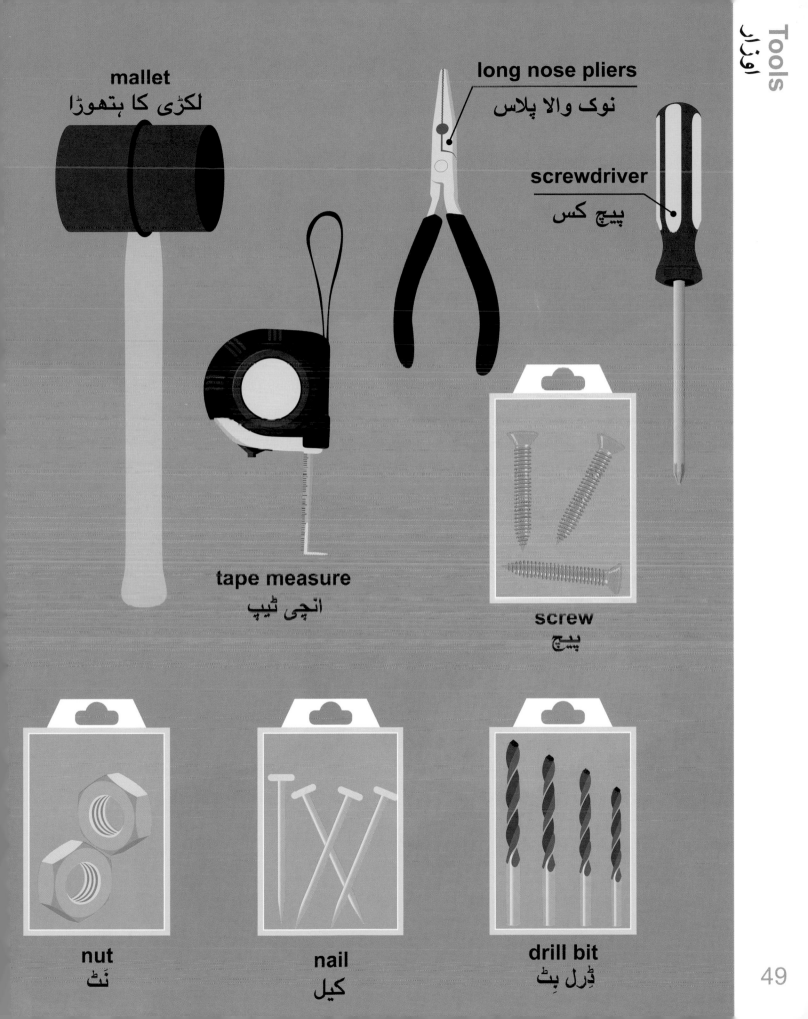

mallet
لکڑی کا ہتھوڑا
long nose pliers
نوک والا پلاس
screwdriver
پیچ کس
tape measure
انچی ٹیپ
screw
پیچ
nut
نَٹ
nail
کیل
drill bit
ڈِرل بِٹ

chain
زنجیر

plug
پلگ

padlock
تالا

battery
سیل

toolbox
اوزاروں کا ڈبہ

car battery
کار کی بیٹری

electric drill
برقی ڈِرل

safety helmet
حفاظتی ٹوپی

torch / flashlight
مشعل (ٹارچ)

ladder
سیڑھی

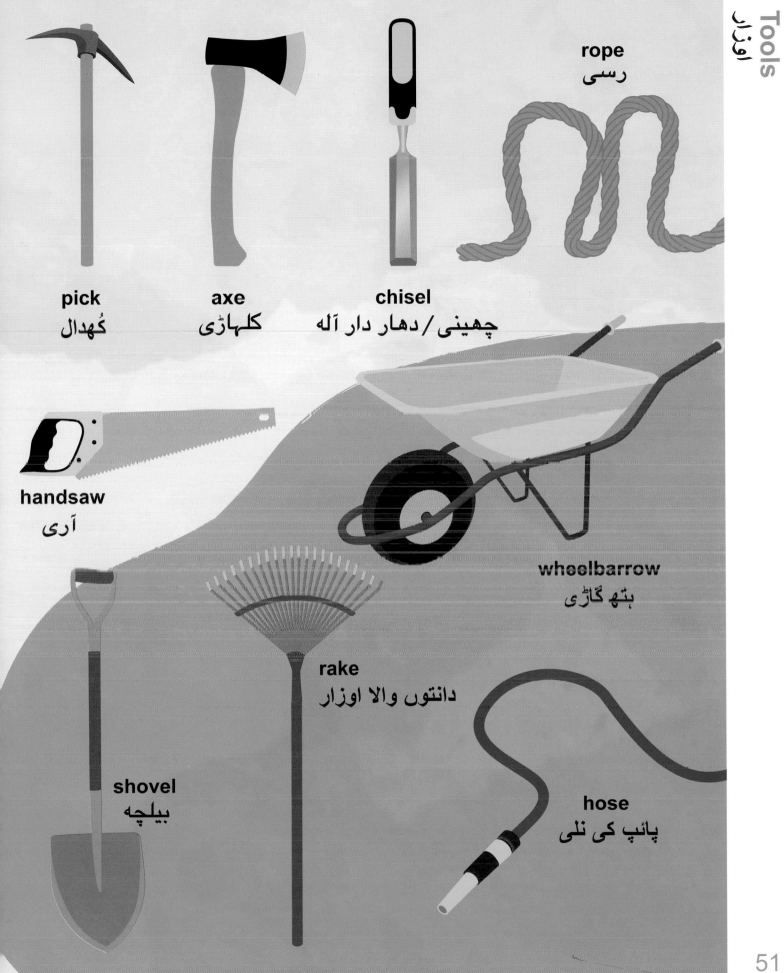

rope
رسی

pick
کُھدال

axe
کلھاڑی

chisel
چھینی/دھار دار آله

handsaw
آری

wheelbarrow
ہتھ گاڑی

rake
دانتوں والا اوزار

shovel
بیلچه

hose
پائپ کی نلی

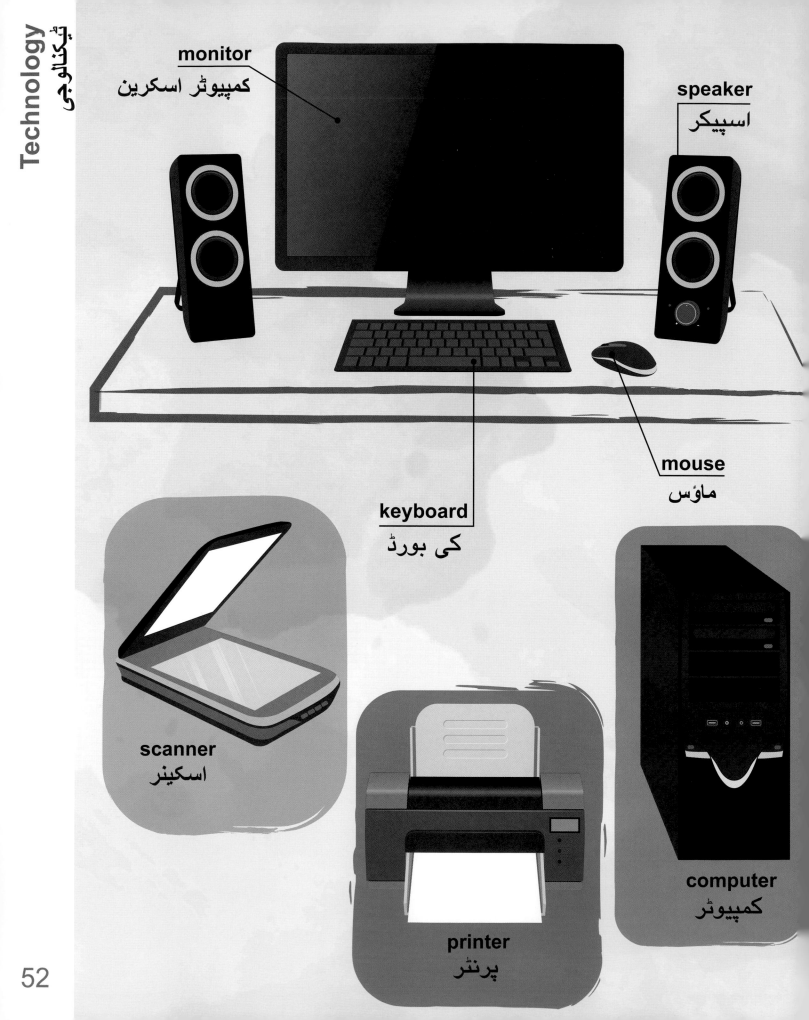

monitor
کمپیوٹر اسکرین

speaker
اسپیکر

mouse
ماؤس

keyboard
کی بورڈ

scanner
اسکینر

printer
پرنٹر

computer
کمپیوٹر

video camera

ویڈیو کیمرا

tablet

ٹیبلٹ / ٹیب

**mobile phone /
cell phone**

موبائل فون

radio

ریڈیو

microphone

مائیکرو فون

earphones

ہیڈ فون

cable

تار

telephone

ٹیلی فون

supermarket
سپر مارکیٹ

restaurant
ریستوران

grapes
انگور

pineapple
اناناس

lemon
لیموں

orange
مالٹا، سنگترہ

plum
آلوبخارا

watermelon
تربوز

apple
سیب

pear
ناشپاتی

apricot
خوبانی

peach
آڑو

banana
کیلا

avocado
مگر ناشپتی

strawberry
اسٹرابیری

cherry
چیری

blackberry
کالی بیَری

blueberry
نیلا بیر

raspberry
رس بھری

kiwi
کیوی

grapefruit
چکوترا

mandarin
اورینج۔ نارنجی

mango
آم

pomegranate
انار

quince
سفرجل / بہی

melon
خربوزہ

coconut
ناریل

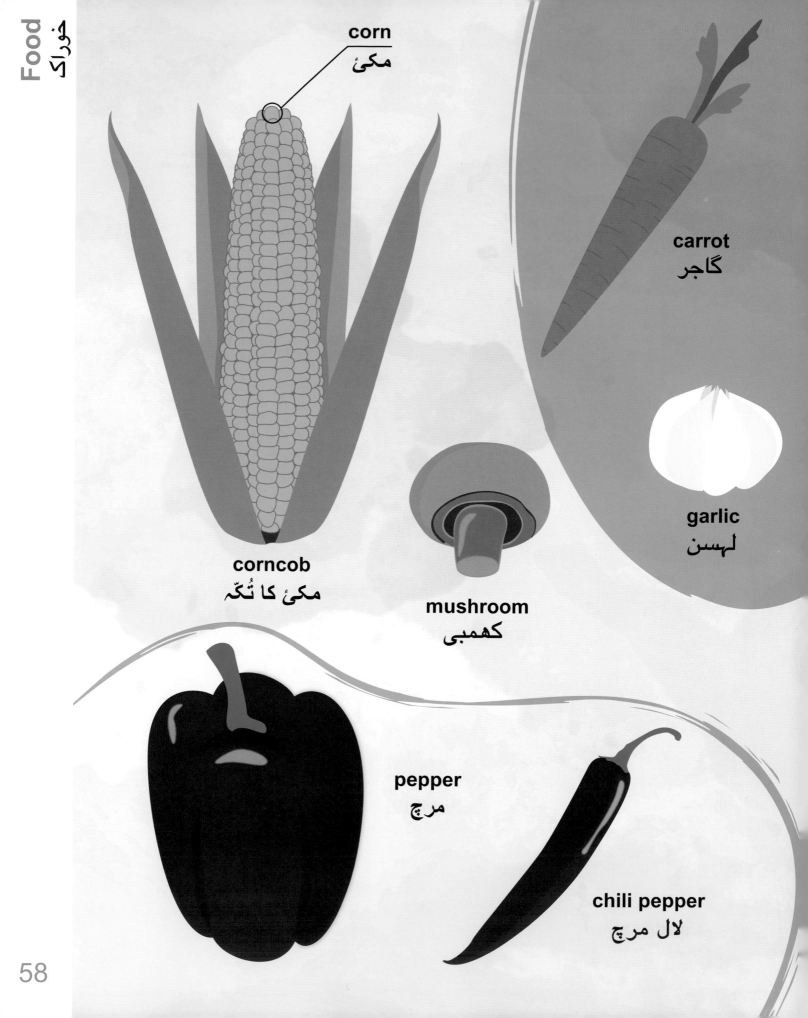

corn
مکئ

carrot
گاجر

garlic
لہسن

corncob
مکئ کا تُکّہ

mushroom
کھمبی

pepper
مرچ

chili pepper
لال مرچ

cucumber
کھیرا

onion
پیاز

tomato
ٹماٹر

pumpkin
حلوہ کدّو

potato
آلو

green bean
سبز لوبیا

okra
بھنڈی

peas
مٹر

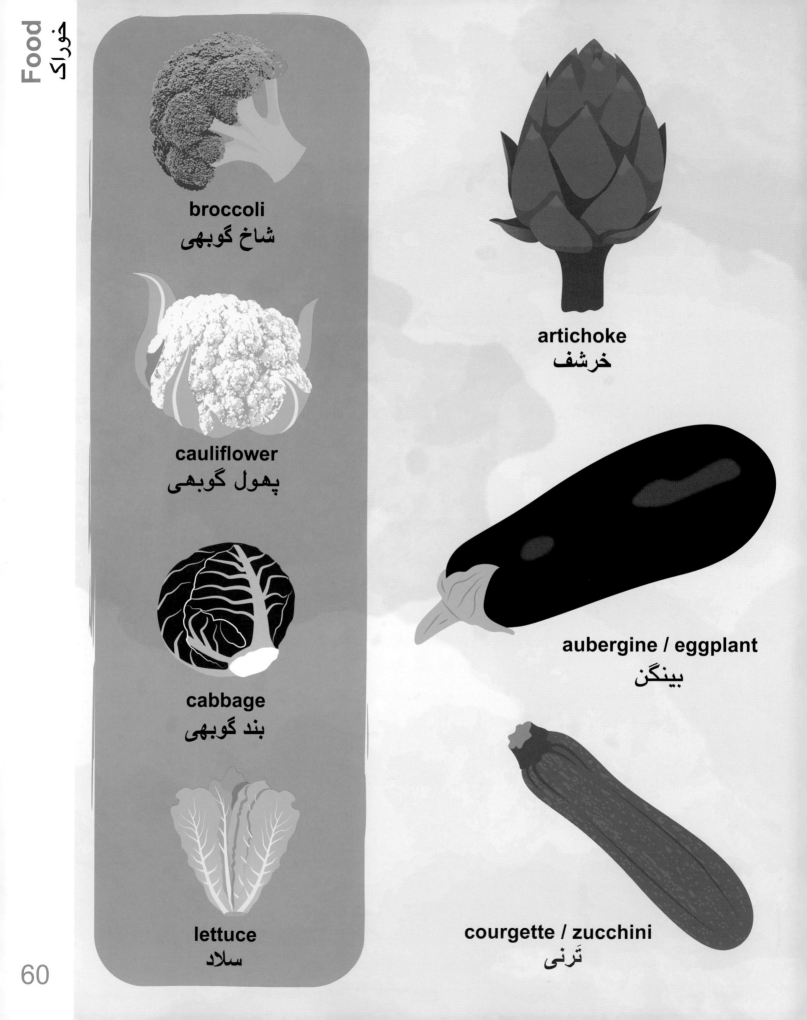

broccoli
شاخ گوبهی

cauliflower
پهول گوبهی

cabbage
بند گوبهی

lettuce
سلاد

artichoke
خرشف

aubergine / eggplant
بینگن

courgette / zucchini
تَرنی

green onion
ہری پیاز

leek
موٹی ہری پیاز

celery
اجمود / اجوائن

spinach
پالک

turnip
شلجم

asparagus
مارچوب، سبزی کی قسم

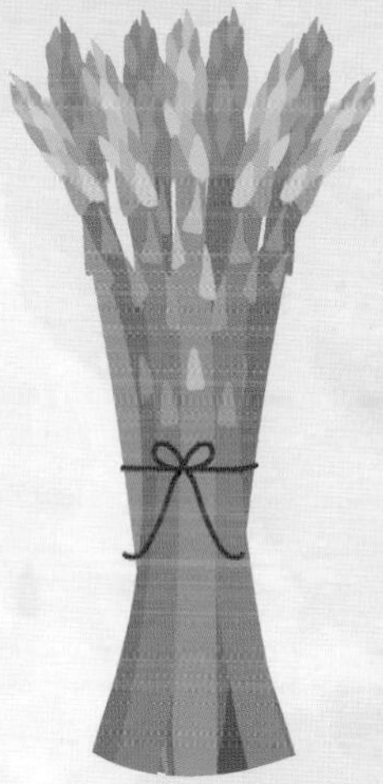

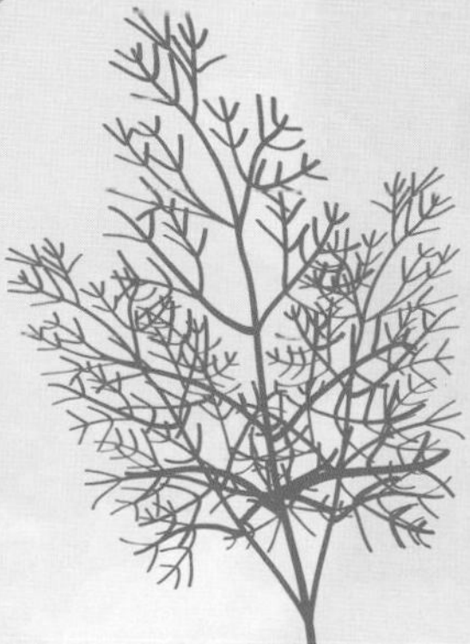

radish
سرخ مولی

dill
اجوائن

mint
ٹکسال۔پودینہ

parsley
پارسلے (دھنیا کی ایک قسم)

flour
آٹا

bread
ڈبل روٹی

slice of bread
ڈبل روٹی کا ٹکڑا

sandwich
سینڈوچ، بن کباب

toast
توس ، سکا ہوا، نان پاؤ
کا پارچہ

pizza
پیزا

burger
برگر

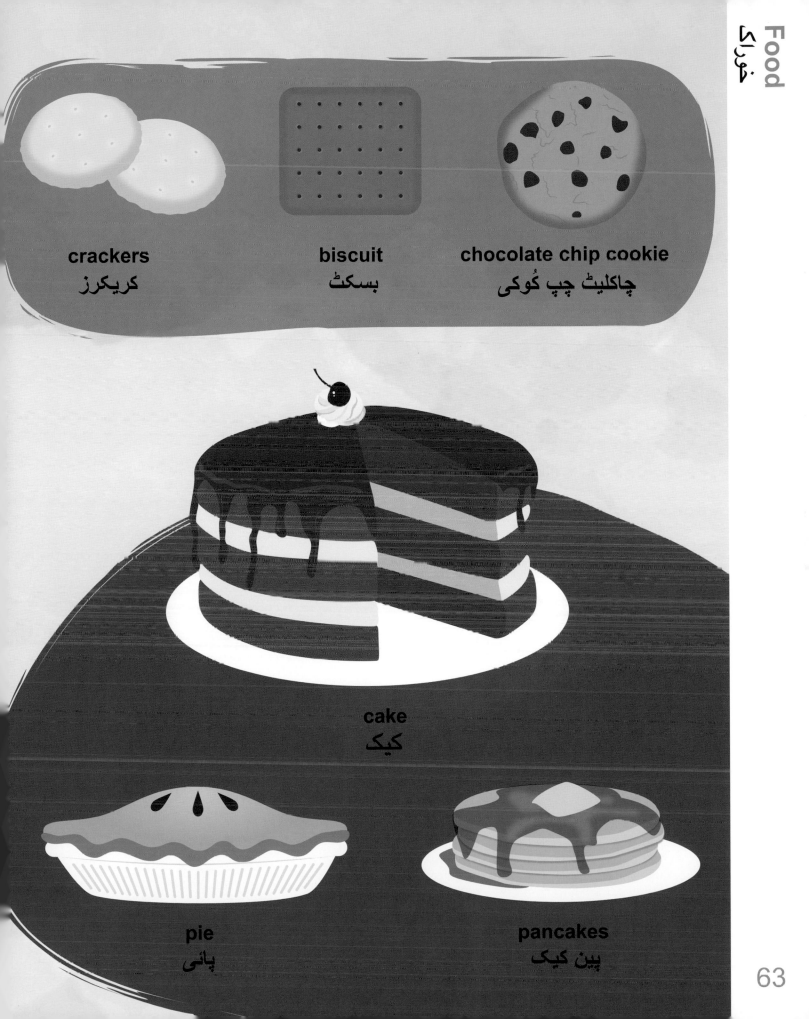

crackers
کریکرز

biscuit
بسکٹ

chocolate chip cookie
چاکلیٹ چپ کُوکی

cake
کیک

pie
پائی

pancakes
پین کیک

almond
بادام

hazelnut
فُندق

chestnut
شاه بلوط

pistachio

walnut
اخروت

peanut
مونگ پهلی

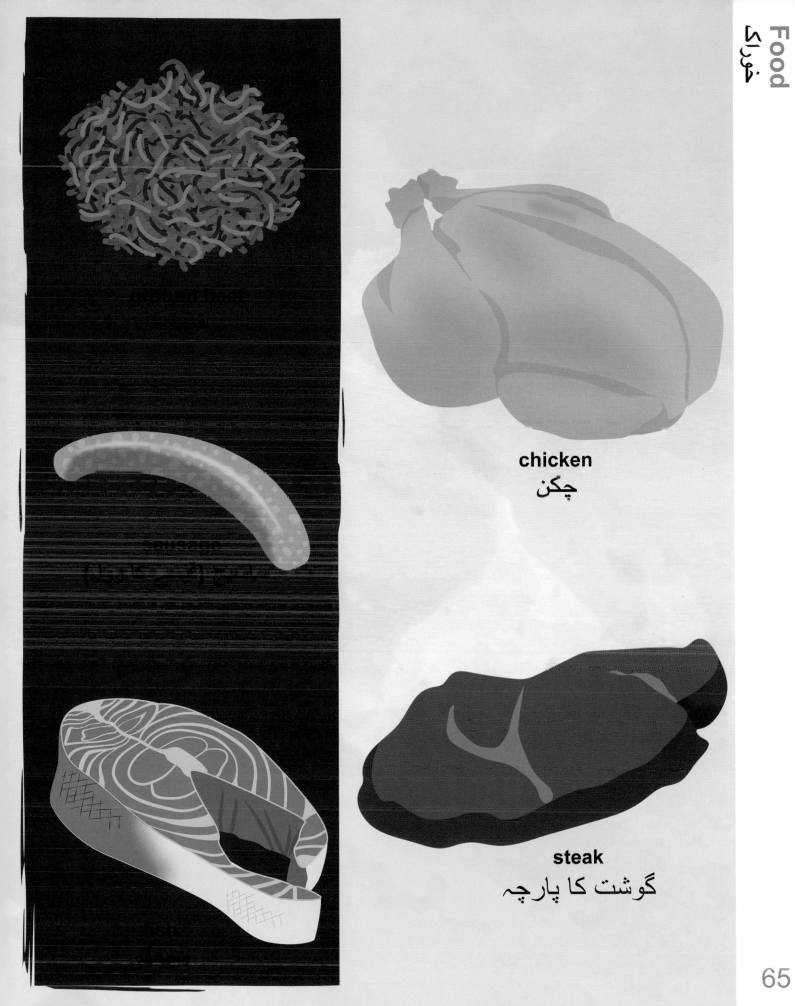

ground beef
قیمہ

sausage
ساسیج (ہری کا دیا)

fish

chicken
چکن

steak
گوشت کا پارچہ

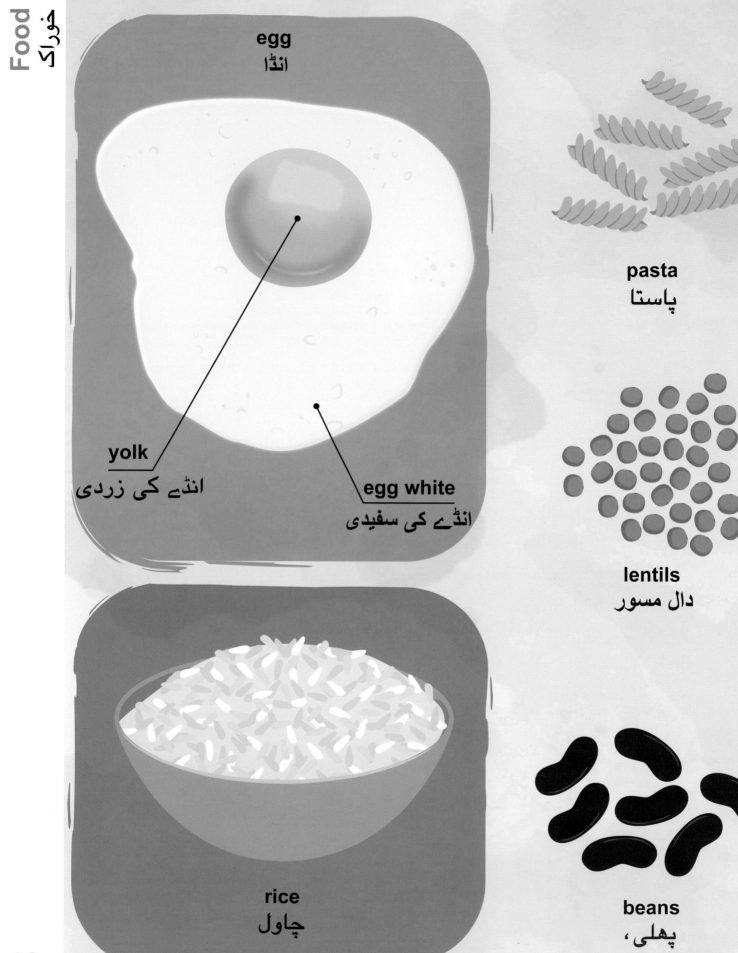

egg
انڈا

yolk
انڈے کی زردی

egg white
انڈے کی سفیدی

rice
چاول

pasta
پاستا

lentils
دال مسور

beans
پھلی،

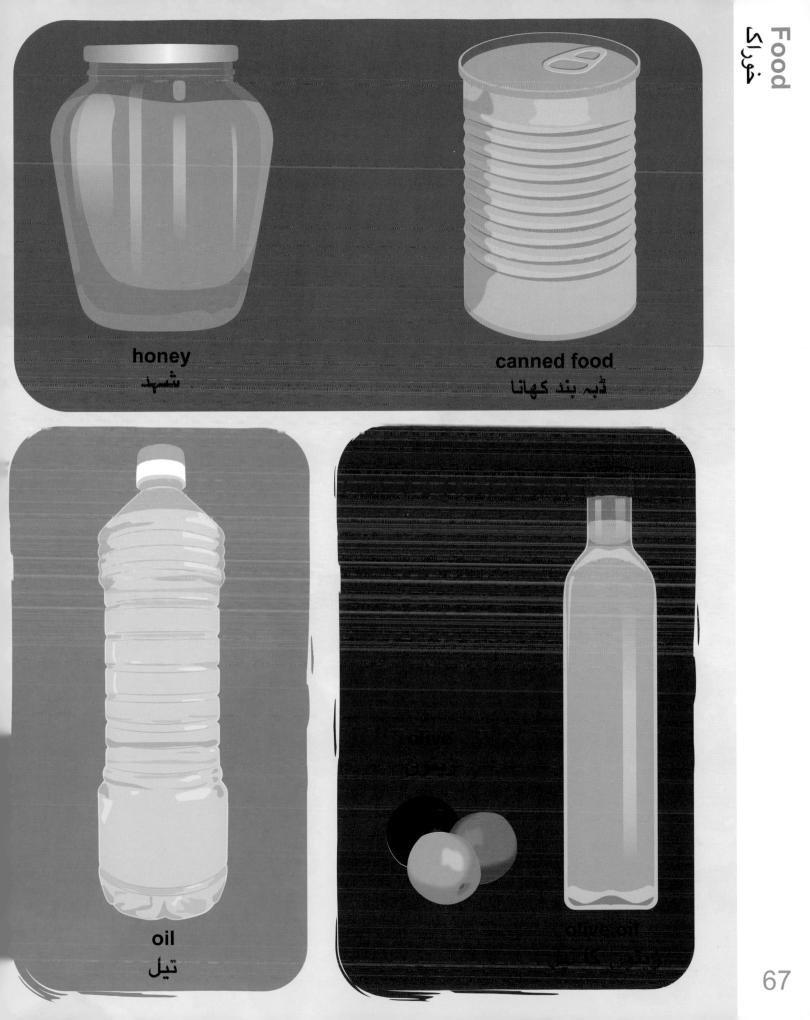

honey
شہد

canned food
ڈبہ بند کھانا

oil
تیل

olive
زیتون

olive oil
زیتون کا تیل

salad
سلاد

salt
نمک

pepper
کالی مرچ

snacks
ہلکا پھلکا کھانا

soup
سوپ

chips / fries
چپس

sugar
چینی

breakfast
ناشتہ / صبح
کا کھانا

chocolate
چاکلیٹ

candy
ٹافی

ice cream
آئس کریم

dessert
شیرنی / میٹھا کھانا

popcorn
بھنی ہوئی مکئی

butter
مکهن

cheese
پنیر

yogurt
دهی

milk
دودھ

soy milk
سویا دودھ

water
پانی

fruit juice
پھلوں کا رس

lemonade
سکنجوین
(لیموں کا شربت)

ice cube
برف کی ڈلی

orange juice
مالٹے / سنگترے کا رس

coffee
کافی

tea
چائے

car
کار، گاڑی

windscreen / windshield
موٹر کار وغیرہ کا سامنے کا شیشہ۔ ونڈ شیلڈ

wipers
ونڈ شیلڈ وائپر

hood
بونٹ

headlight
ہیڈ لائٹ / سامنے کی لائٹ

trunk
ڈِگی

fuel flap
پیٹرول ٹنک کا ڈھکن

hubcap
ٹائر کا کَیپ

tire
ٹائر

fender
بمپر / فینڈر

grill
گِرل

steering wheel
گاڑی چلانے والا ہینڈل

engine
انجن

minivan
چھوٹی ویگن

recreational vehicle
رہائشی / سیاحتی ویگن

van
ویگن

pickup truck
ڈبل کیبن گاڑی

dump truck
چھکڑے کا ٹرک

tow truck
کھینچنے والا ٹرک

truck
ٹرک

freight truck
ٹریلر ٹرک

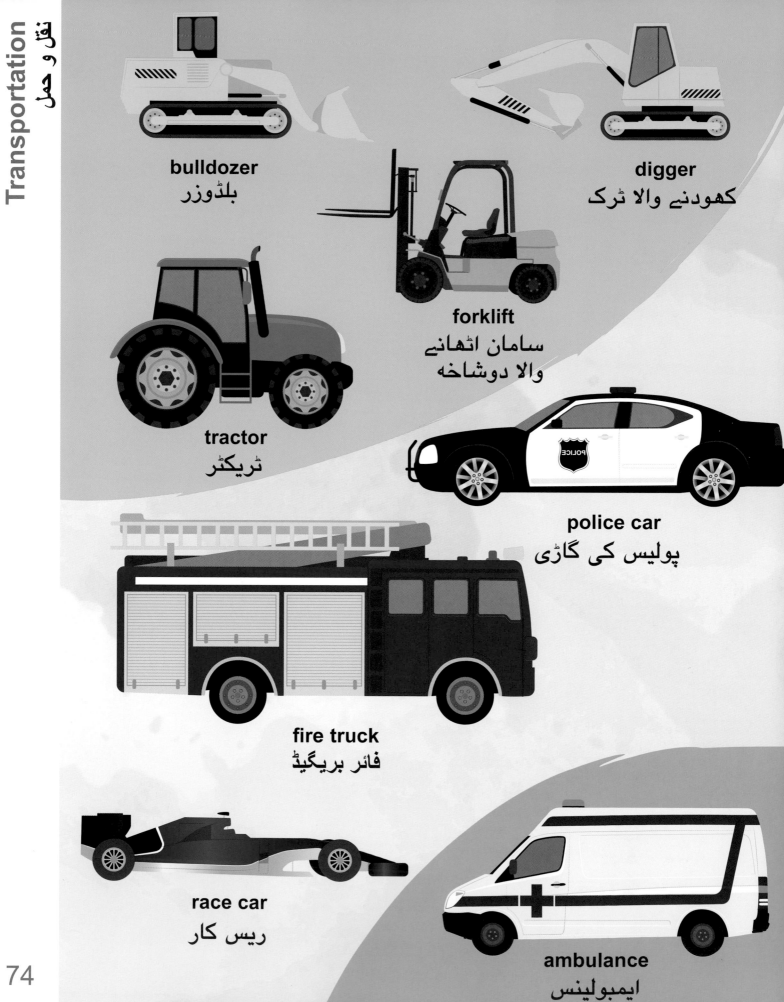

bulldozer
بلڈوزر

digger
کھودنے والا ٹرک

forklift
سامان اٹھانے
والا دوشاخہ

tractor
ٹریکٹر

police car
پولیس کی گاڑی

fire truck
فائر بریگیڈ

race car
ریس کار

ambulance
ایمبولینس

bicycle
سائیکل

saddle
زین ، کاٹھی

handlebars
دستہ / ہینڈل

brake
بریک

wheel
پہیہ

spokes
پہیے کا آرا

pedal
پیڈل / قدم رکھنے کی جگہ

scooter
سکوٹر

motorcycle
موٹر سائیکل

stroller
بچے کیلئے دستی گاڑی

sled
پرات

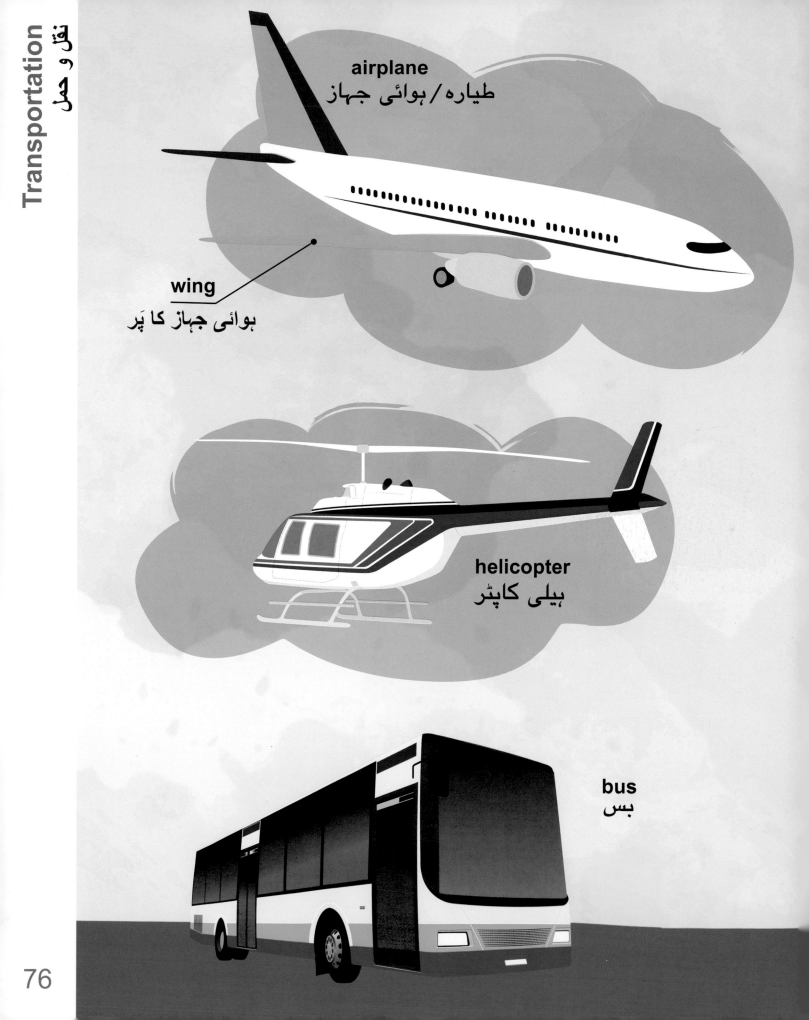

airplane
طیارہ / ہوائی جہاز

wing
ہوائی جہاز کا پَر

helicopter
ہیلی کاپٹر

bus
بس

tram
برقی ریل گاڑی

train
ریل گاڑی

underground / subway
زیر زمین ٹرین / سَب وے

container ship
مال بردار بحری جہاز

cruise ship
سیاحتی بحری جہاز

yacht
چھوٹا بحری جہاز

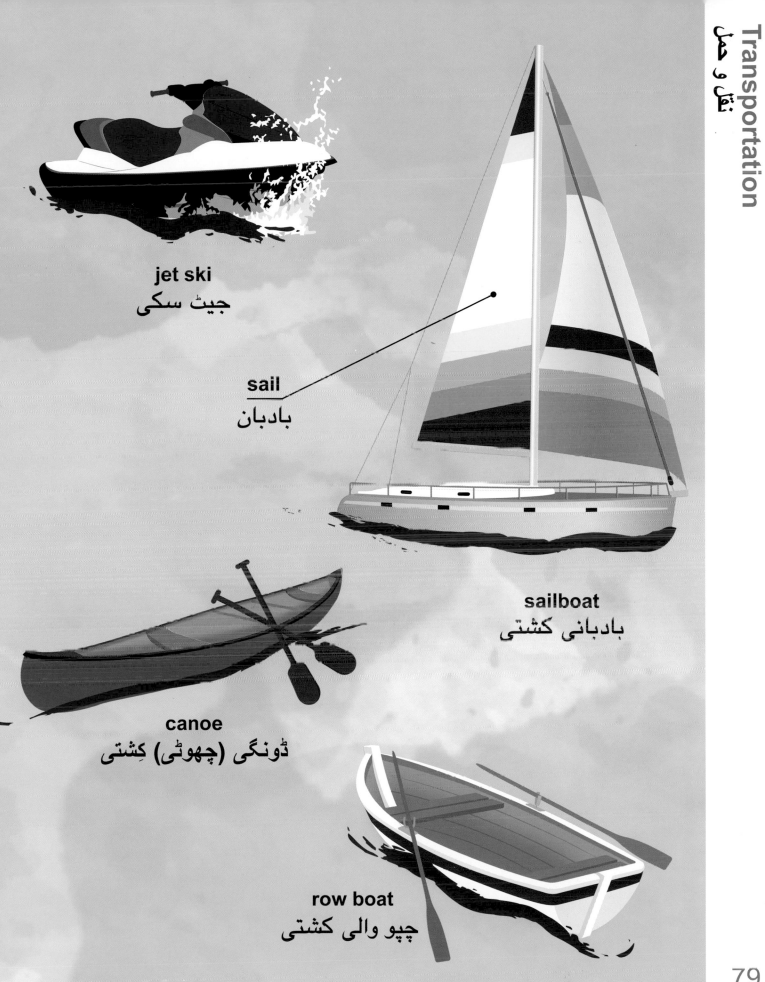

jet ski
جیٹ سکی

sail
بادبان

sailboat
بادبانی کشتی

canoe
ڈونگی (چھوٹی) کِشتی

row boat
چپو والی کشتی

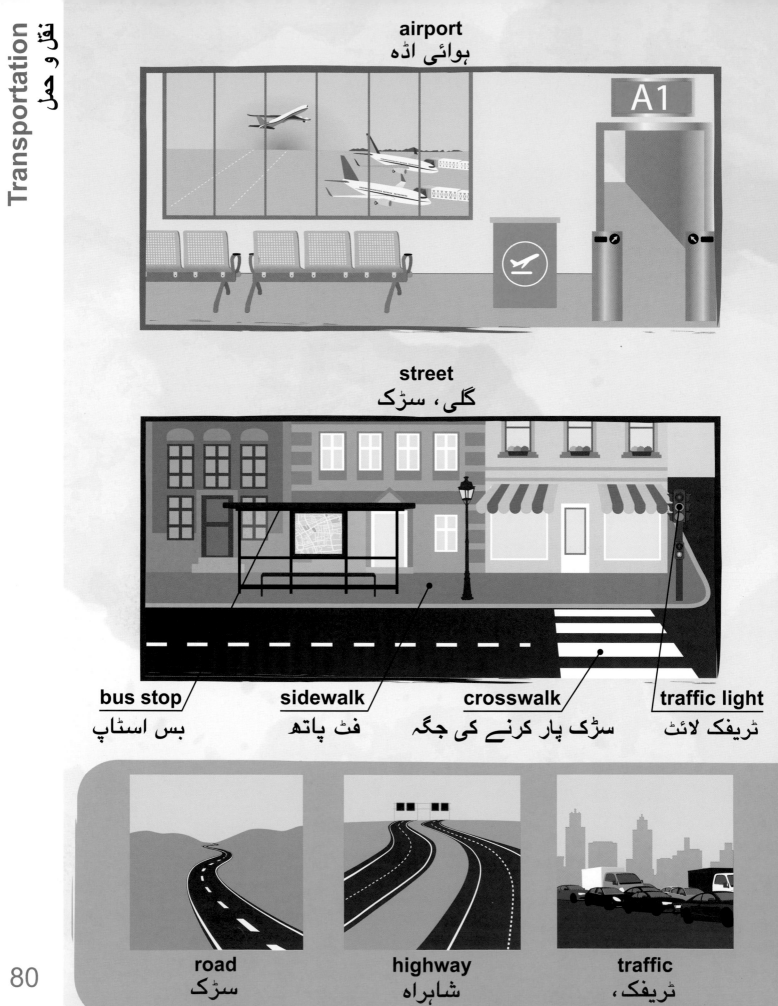

airport
ہوائی اڈہ

street
گلی ، سڑک

bus stop
بس اسٹاپ

sidewalk
فٹ پاتھ

crosswalk
سڑک پار کرنے کی جگہ

traffic light
ٹریفک لائٹ

road
سڑک

highway
شاہراہ

traffic
ٹریفک ،

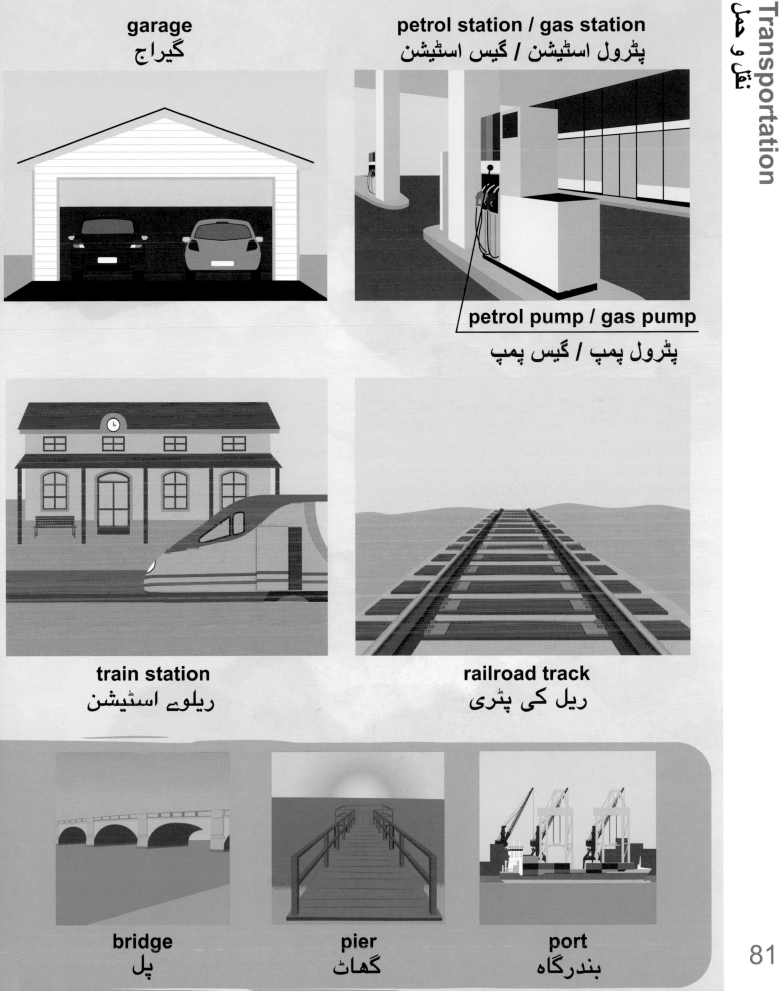

garage
گیراج

petrol station / gas station
پٹرول اسٹیشن / گیس اسٹیشن

petrol pump / gas pump
پٹرول پمپ / گیس پمپ

train station
ریلوے اسٹیشن

railroad track
ریل کی پٹری

bridge
پل

pier
گھاٹ

port
بندرگاہ

fuchsia
فیوشا کا پھول

camellia
کیملیا

daisy
گلبہار

cotton
روئی

bud
کلی

begonia
بگونیا

carnation
گل لھمی

gardenia
گُل چاندنی

petal
پھول کی پتی

jasmine
چنبیلی

hyacinth
سنبل کی قسم کا ایک پودہ

iris
سوسنی

geranium
گل شمعدانی

lavender
ارغوانی پھول

magnolia
مگنولیا

snapdragon
گل میمون

nettle
بچھو بُوٹی

daffodil
گُلِ عنبرین

poppy
گل لالہ

lilac
گُلِ یاس

moss
کائی

grass
گھاس

orchid
اشنه
(ثعلبِ مصری)

rose
گلاب

sunflower
سورج مکھی

tulip
نرگس

snowdrop
گُل چاندنی

water lily
کنول

pine cone
چلغوزے کی ڈھبری

oats
جئ

wheat
گندم، گیہوں

rye
رائی

palm tree
کھجور کا درخت

cactus
ناگ پھَنی / خاردار پودا

grape tree
انگور کی بیل

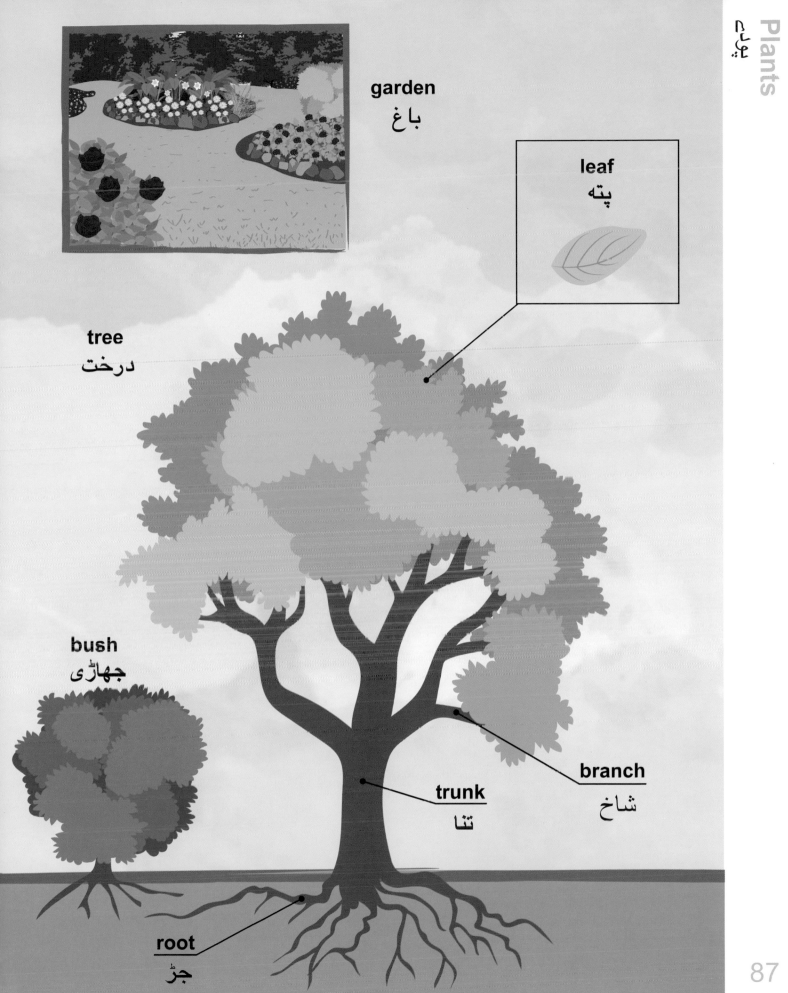

garden
باغ

leaf
پتہ

tree
درخت

bush
جھاڑی

branch
شاخ

trunk
تنا

root
جڑ

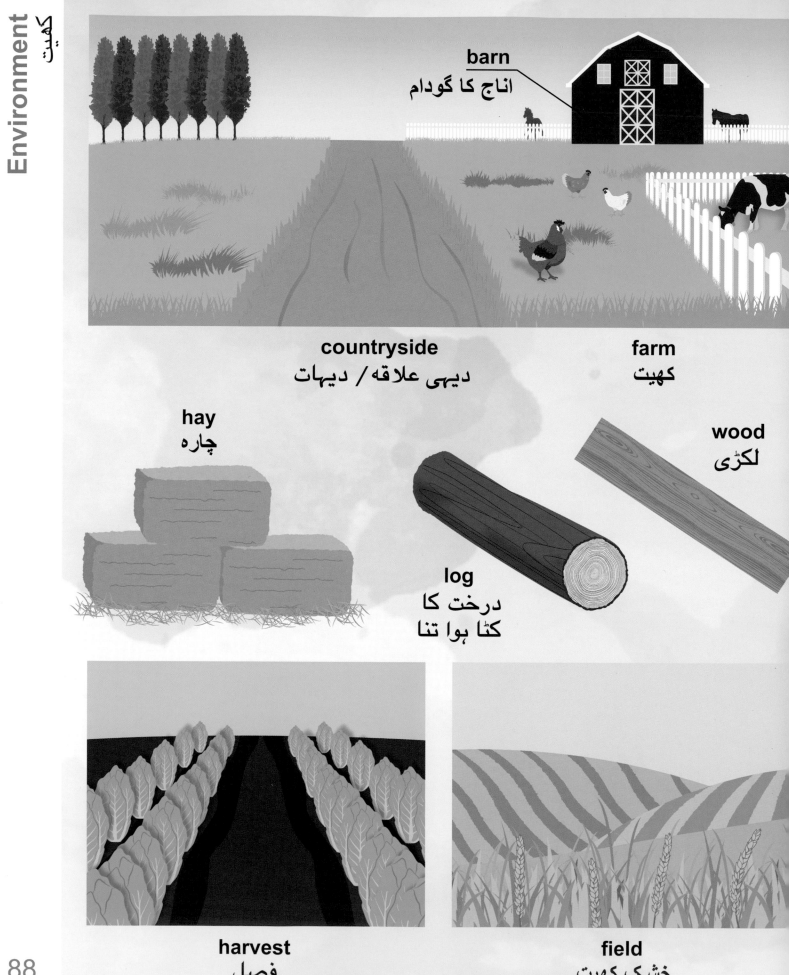

barn
اناج کا گودام

countryside
دیہی علاقہ / دیہات

farm
کھیت

hay
چارہ

wood
لکڑی

log
درخت کا
کٹا ہوا تنا

harvest
فصل

field
خشک کھیت

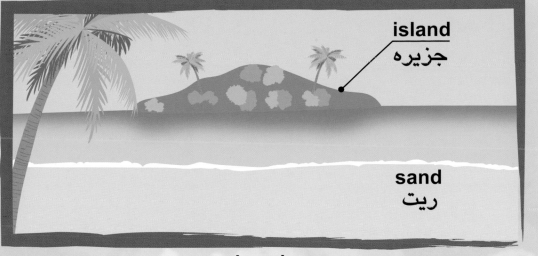

island
جزیرہ

sand
ریت

beach
ساحل

lake
تالاب

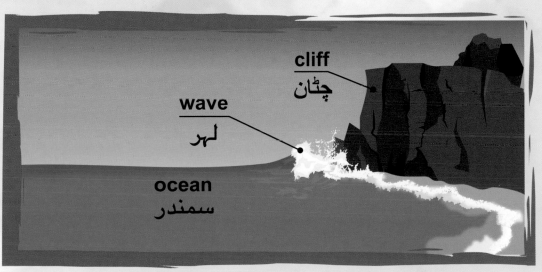

cliff
چٹان

wave
لہر

ocean
سمندر

coast
ساحل/سمندر کا کنارہ

wetland
دلدل

dam
ڈیم

waterfall
آبشار

forest
جنگل

path
راستہ

desert
ریگستان

cave
غار

jungle
جنگل

soil
مٹی

fossil
کسی قدیم جاندار کا ڈھانچہ

mountain
پہاڑ

sun
سورج

river
دریا

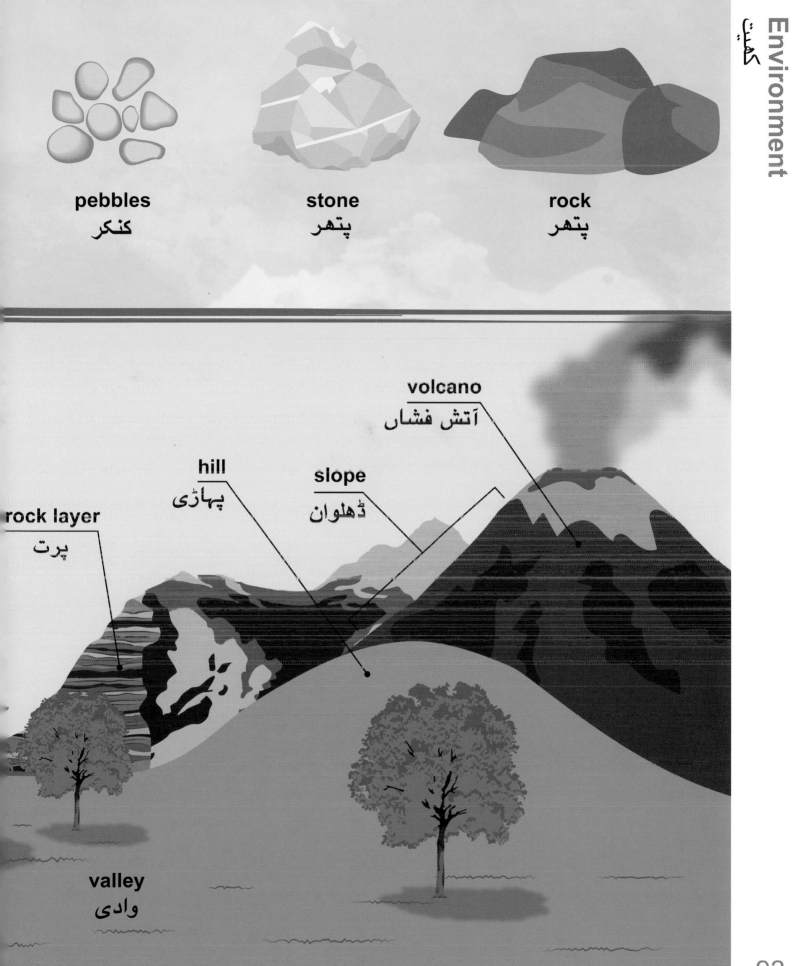

pebbles
کنکر

stone
پتھر

rock
پتھر

volcano
آتش فشاں

hill
پہاڑی

slope
ڈھلوان

rock layer
پرت

valley
وادی

disaster
تباہی

hurricane

flood
سیلاب

earthquake
زلزلہ

tornado
ہوا کا بگولہ /
طوفان

fire
آگ

flame
شعلہ

ember
انگارا

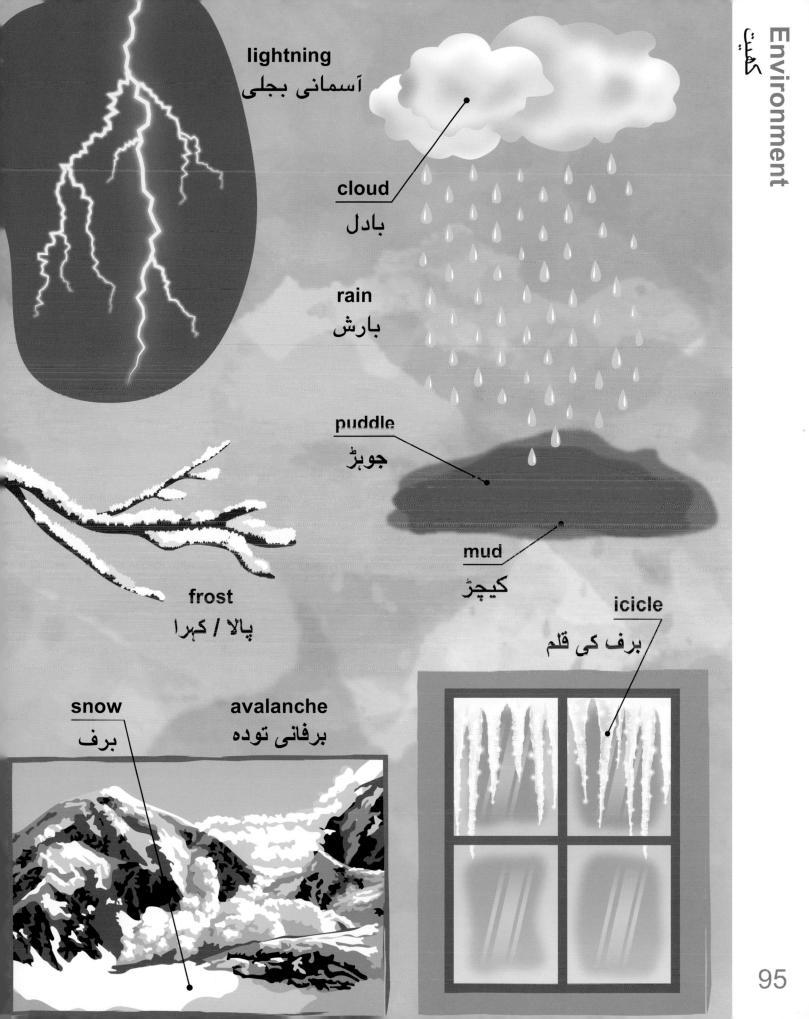

lightning
آسمانی بجلی

cloud
بادل

rain
بارش

puddle
جوہڑ

mud
کیچڑ

frost
پالا / کہرا

icicle
برف کی قلم

snow
برف

avalanche
برفانی توده

continents
براعظم

North America
شمالی امریکہ

Europe
یورپ

South America
جنوبی امریکہ

Antarctica
انٹارکٹیکا

96

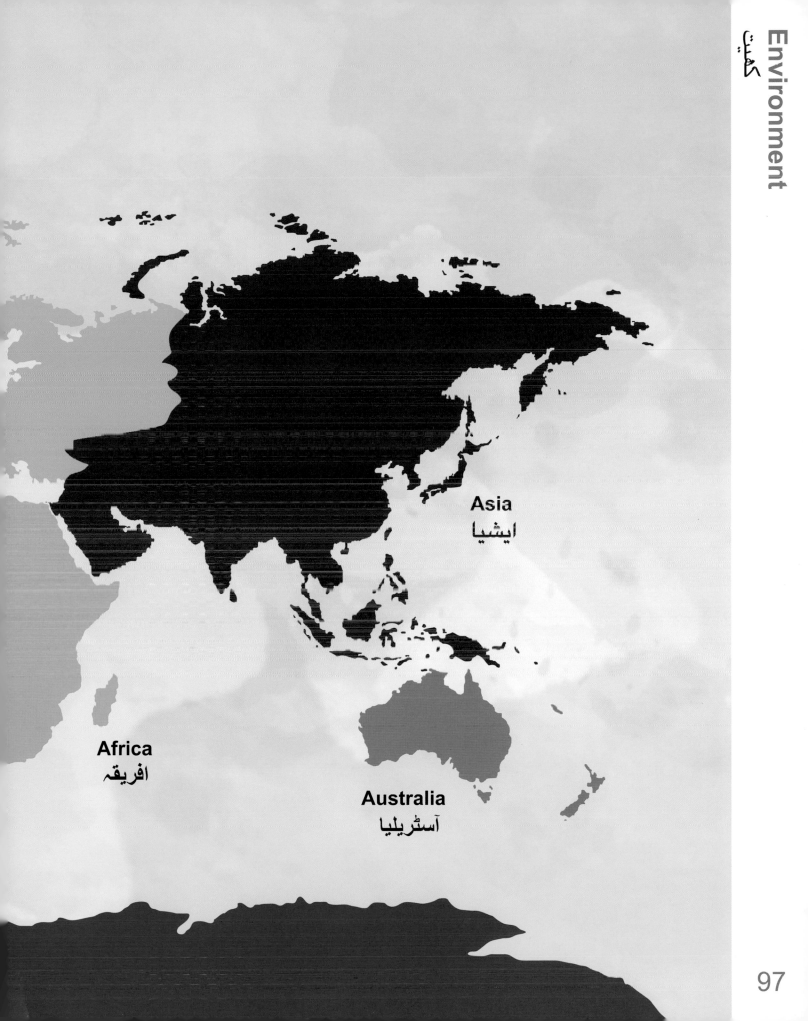

Asia
ايشيا

Africa
افريقہ

Australia
آسٹریلیا

solar system
نظام شمسی
Moon
چاند
Venus
زہرہ
Mercury
عطارد
Earth
زمین
Neptune
نیپچون
Mars
مریخ
Sun
سورج
Uranus
یورینس (سیارہ)
Jupiter
مشتری
Saturn
زحل

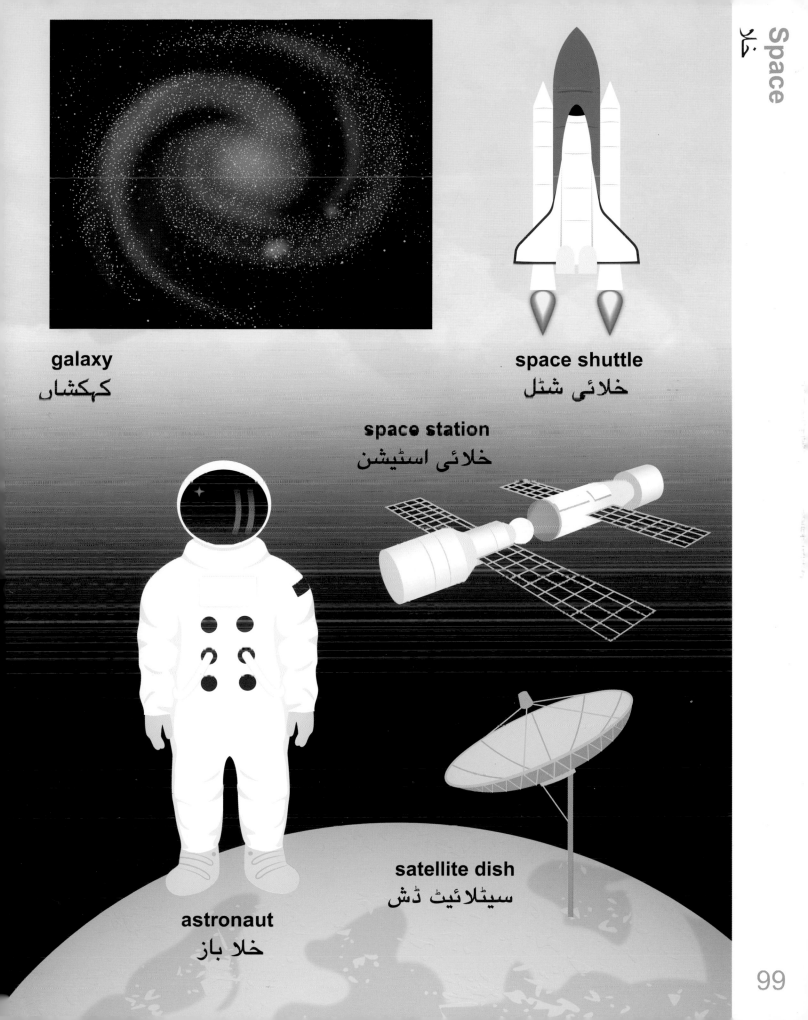

galaxy
کہکشاں

space shuttle
خلائی شٹل

space station
خلائی اسٹیشن

astronaut
خلا باز

satellite dish
سیٹلائیٹ ڈش

American football
رگبی / امریکن فٹبال

basketball
باکسٹ بال

weightlifting
وزن اٹھانے کا کھیل

archery
تیر کمان

wrestling
کشتی

judo
جوڈو

baseball
بیس بال

football / soccer
فٹ بال

hang gliding
گلائڈر، بغیر انجن کے پر

cycling
سائیکلنگ

scuba diving
غوطہ خوری

fencing
تلوار کا کھیل

cricket
کرکٹ

marathon
لمبی دوڑ

sprint
تیز دوڑ

stadium
اسٹیڈیم /کھیل کا میدان

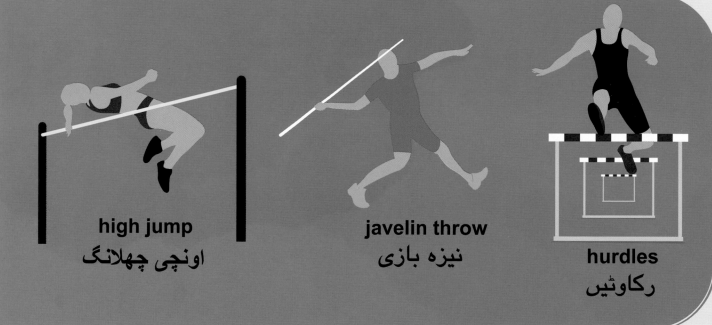

high jump
اونچی چھلانگ

javelin throw
نیزہ بازی

hurdles
رکاوٹیں

waterpolo
واٹر پولو

swimming pool
سوئمنگ پول

swimming
تیراکی

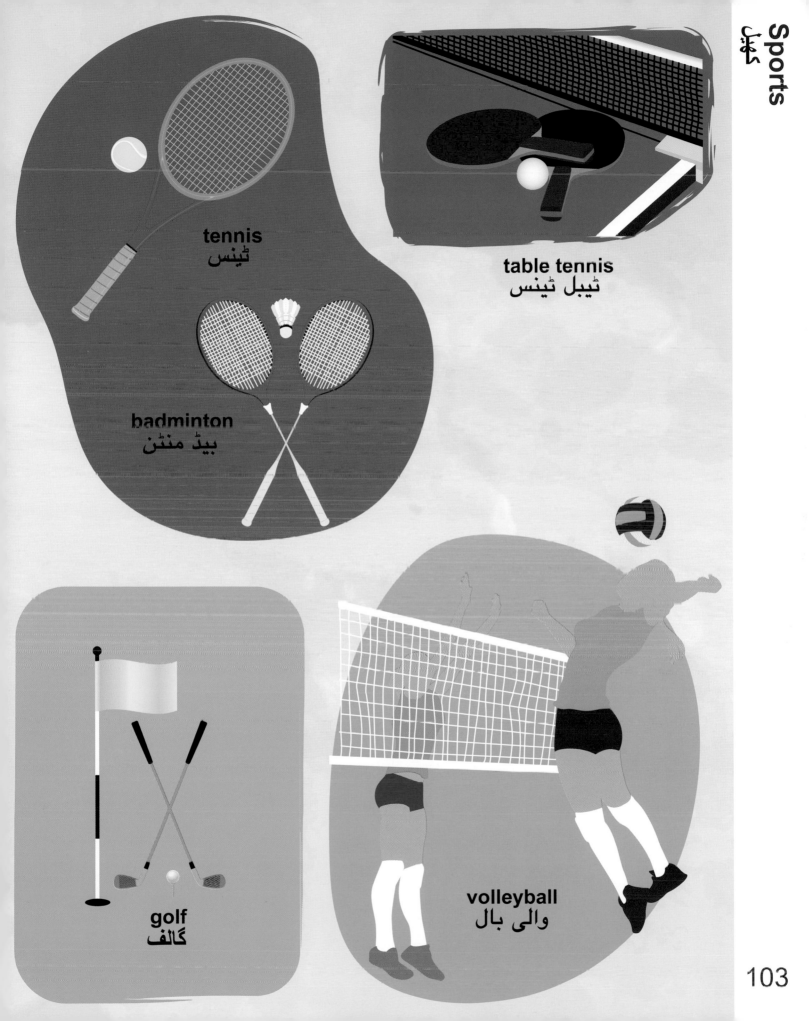

tennis
ٹینس

table tennis
ٹیبل ٹینس

badminton
بیڈ منٹن

golf
گالف

volleyball
والی بال

mountain climbing
کوہ پیمائی

snowboarding
برف پر بورڈ سے پھسلنا

skiing
برف پر پھسلنا

ice hockey
آئس ہاکی

rowing
کشتی رانی، کشتی چلانا

sailing
کشتی رانی

rafting
رافٹ کی دوڑ

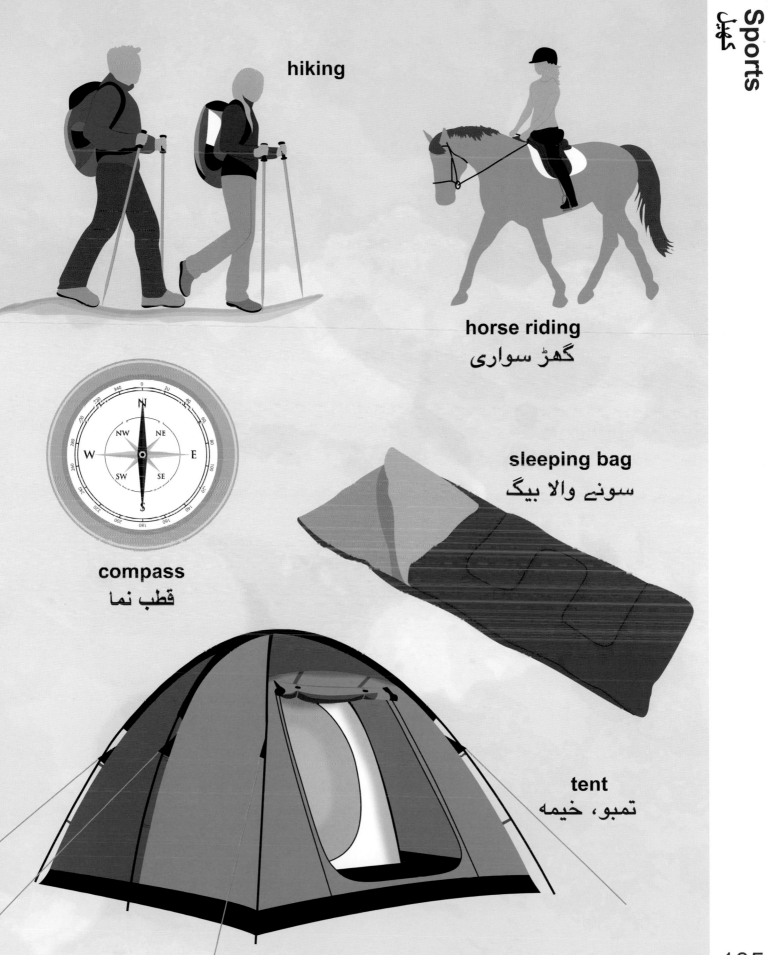

hiking

horse riding
گھڑ سواری

compass
قطب نما

sleeping bag
سونے والا بیگ

tent
تمبو، خیمہ

canvas
کینوس

palette
رنگ کی تختی

painting
تصویر

frame
تصویر کا چوکھٹا/ فریم

easel
ٹیکن / ابزل
(کینوس کا فریم)

bust
مجسمہ

ballet
سنگت ناچ

sculpture
مجسمہ سازی

auditorium
آڈیٹوریم

orchestra
آکیسٹرا

stage
فورم، اسٹیج

concert
موسیقی کا پروگرام / کنسر

audience
حاضرین

cinema
سنیما

CINEMA

museum
عجائب گھر

theater
تھیٹر۔تمثیل گھر

banjo
پچتارا

mandolin
چھوٹی سارنگی

acoustic guitar
اکوسٹک گٹار

harmonica
منہ سے بجانے والا باجا

harp
چنگ / بربط

electric guitar
برقی گٹار

piano
پیانو

accordion
دستی ارگن / ارگن باجا

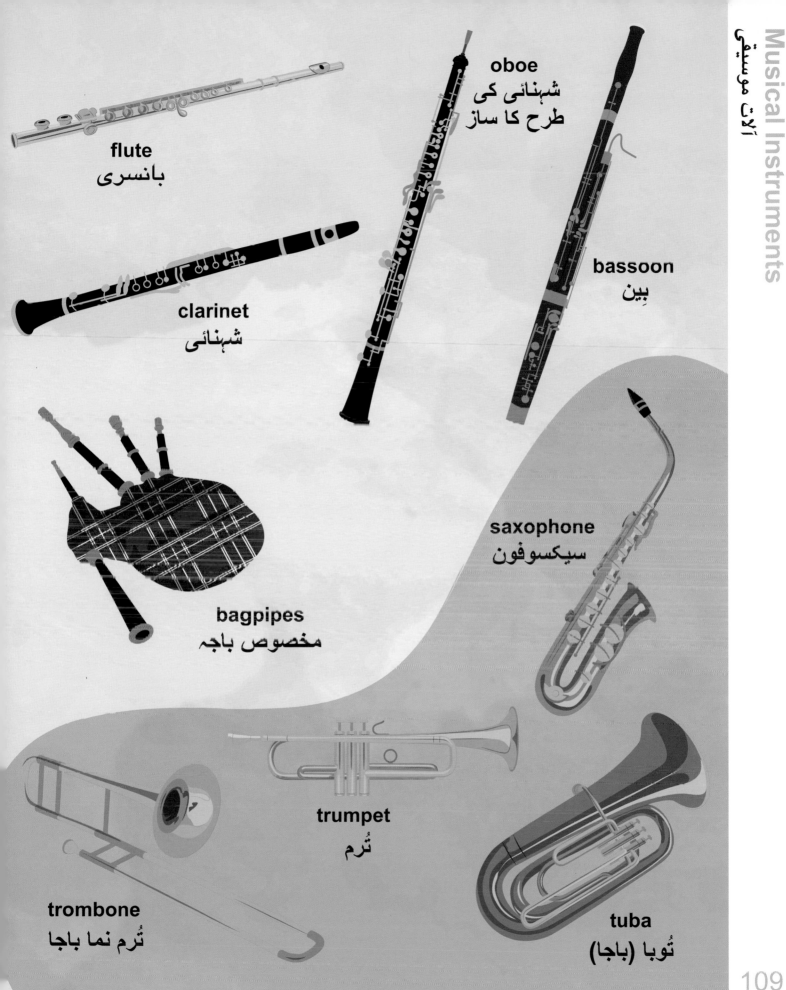

flute
بانسری

oboe
شہنائی کی
طرح کا ساز

bassoon
بِین

clarinet
شہنائی

bagpipes
مخصوص باجہ

saxophone
سیکسوفون

trumpet
تُرم

trombone
تُرم نما باجا

tuba
ٹوبا (باجا)

drum kit
ڈھول کا سیٹ

snare drum
موسیقی کا ڈرم

cymbal
جھانجھ ،مجیرا

bass drum
بیَس کا ڈھول

drumsticks
ڈھول بجانے کی چوبیں

tambourine
خنجری۔طنبورہ

bongo drums
بانگو ڈرم

110

music stand
ساز رکھنے کا چوکھٹا

metronome
تال دینے والا آلہ

tuning fork
سُر دو شاخہ

double bass
ڈبل باس وائلن

cello
بڑا وائلن

viola
درمیانہ وائلن

violin
وائلن

one o'clock
ایک بجے

hour hand
گھنٹے کی سوئی

minute hand
منٹ کی سوئی

one fifteen /
quarter past one
سوا ایک

second hand
سیکنڈ کی سوئی

one thirty /
half past one
ڈیڑھ بجے

one forty-five /
quarter to two
پونے دو

dawn

طلوع صبح / پو پھٹنے کا وقت

sunrise

طلوع آفتاب

evening

شام

dusk

شام، غروب افتاب

night

رات

midnight

آدھی رات

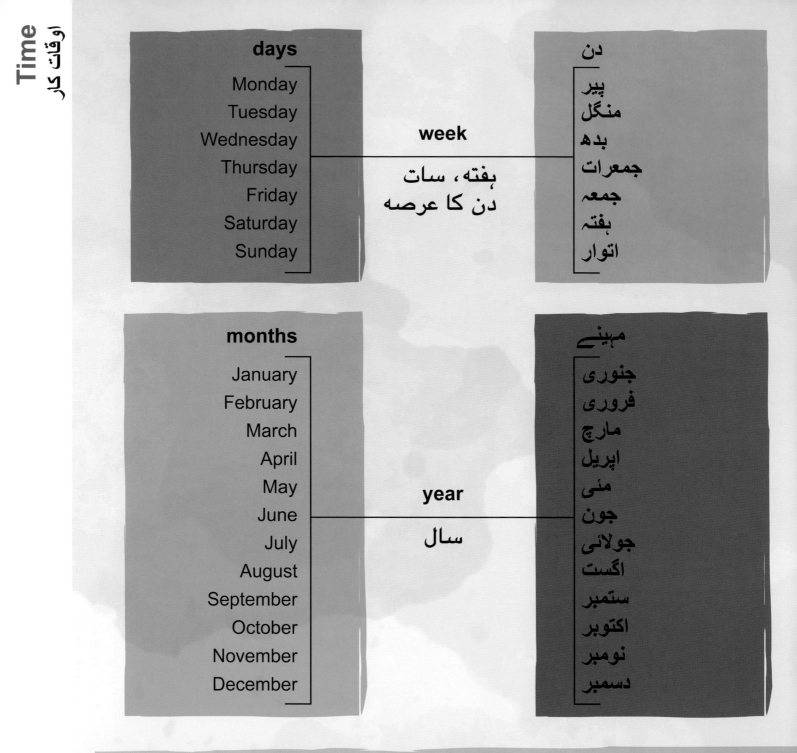

days / دن

Monday	پیر
Tuesday	منگل
Wednesday	بدھ
Thursday	جمعرات
Friday	جمعہ
Saturday	ہفتہ
Sunday	اتوار

week / ہفتہ، سات دن کا عرصہ

months / مہینے

January	جنوری
February	فروری
March	مارچ
April	اپریل
May	مئی
June	جون
July	جولائی
August	اگست
September	ستمبر
October	اکتوبر
November	نومبر
December	دسمبر

year / سال

2016 2026	2016 2116	2016 3016
decade	**century**	**millennium**
دہائی/دس سال کی مدت	صدی/سوسال کا عرصہ	ہزار برس

seasons
موسم

spring
موسم بہار

summer
موسم گرما

fall
خزاں / پت چھڑ کا موسم

winter
موسم سرما

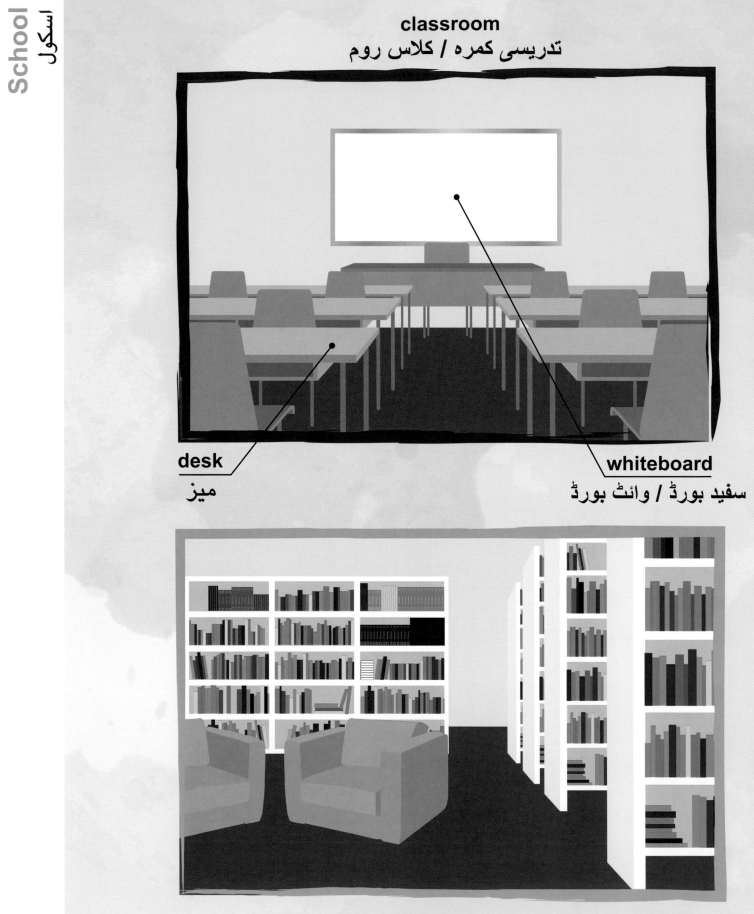

classroom
تدریسی کمرہ / کلاس روم

desk
میز

whiteboard
سفید بورڈ / وائٹ بورڈ

library
کتب خانہ (لائبریری)

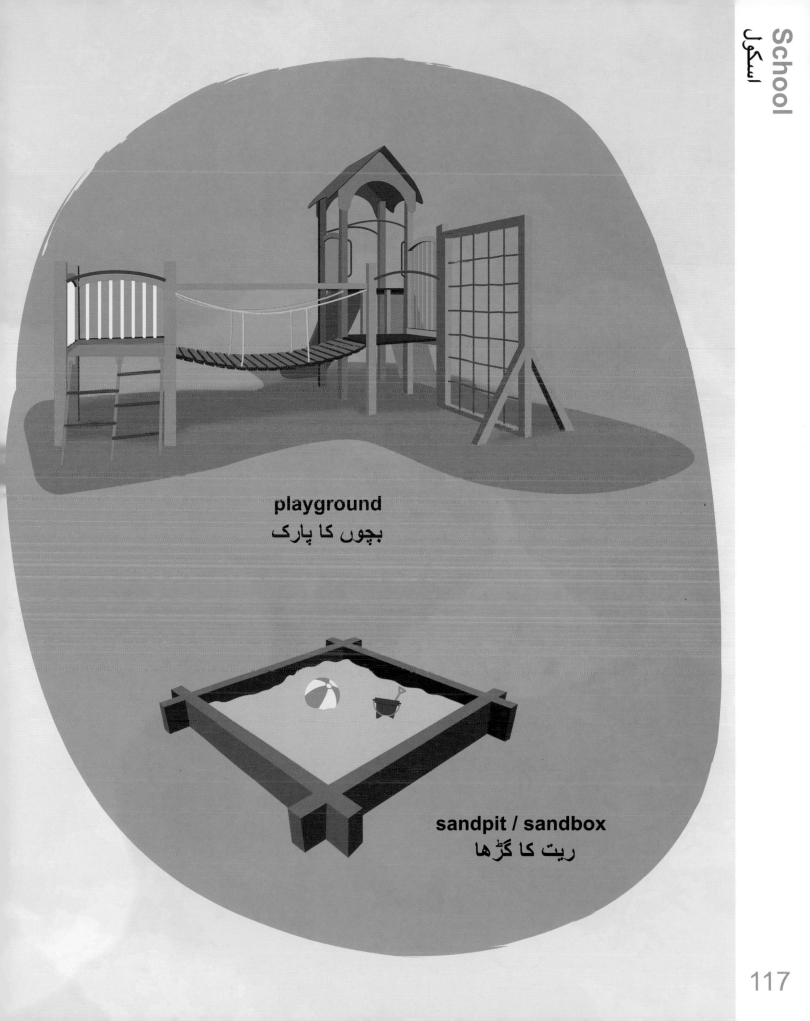

playground
بچوں کا پارک

sandpit / sandbox
ریت کا گڑھا

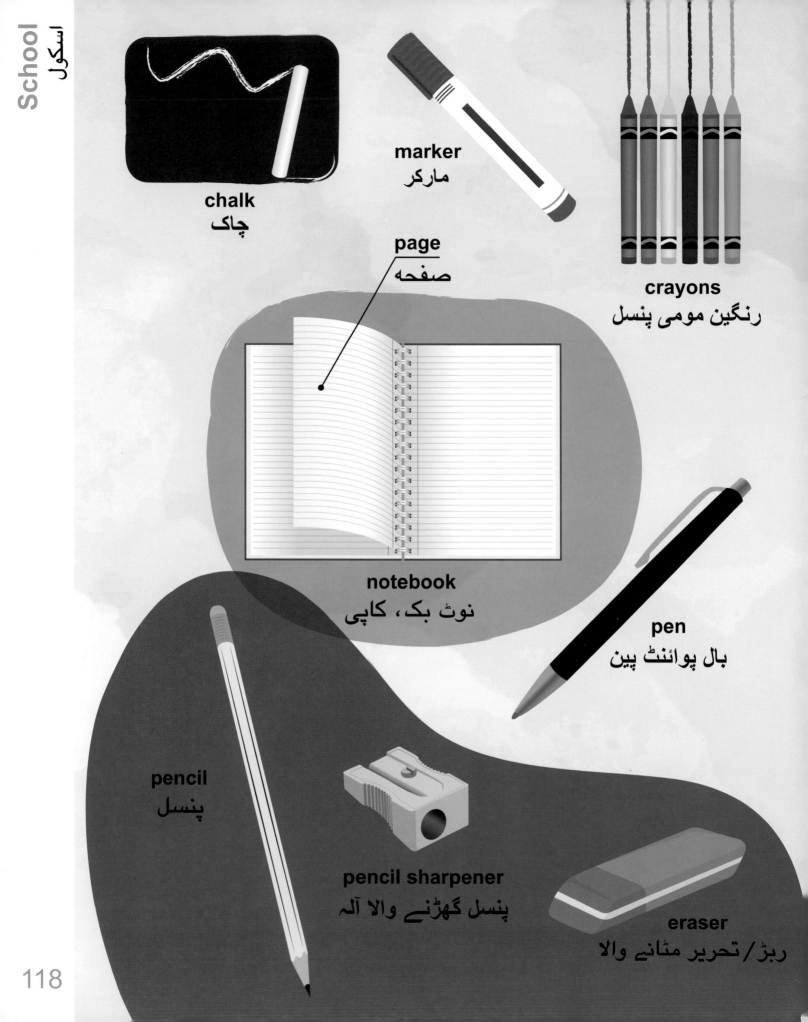

chalk
چاک

marker
مارکر

crayons
رنگین مومی پنسل

page
صفحہ

notebook
نوٹ بک، کاپی

pen
بال پوائنٹ پین

pencil
پنسل

pencil sharpener
پنسل گھڑنے والا آلہ

eraser
ربڑ/ تحریر مٹانے والا

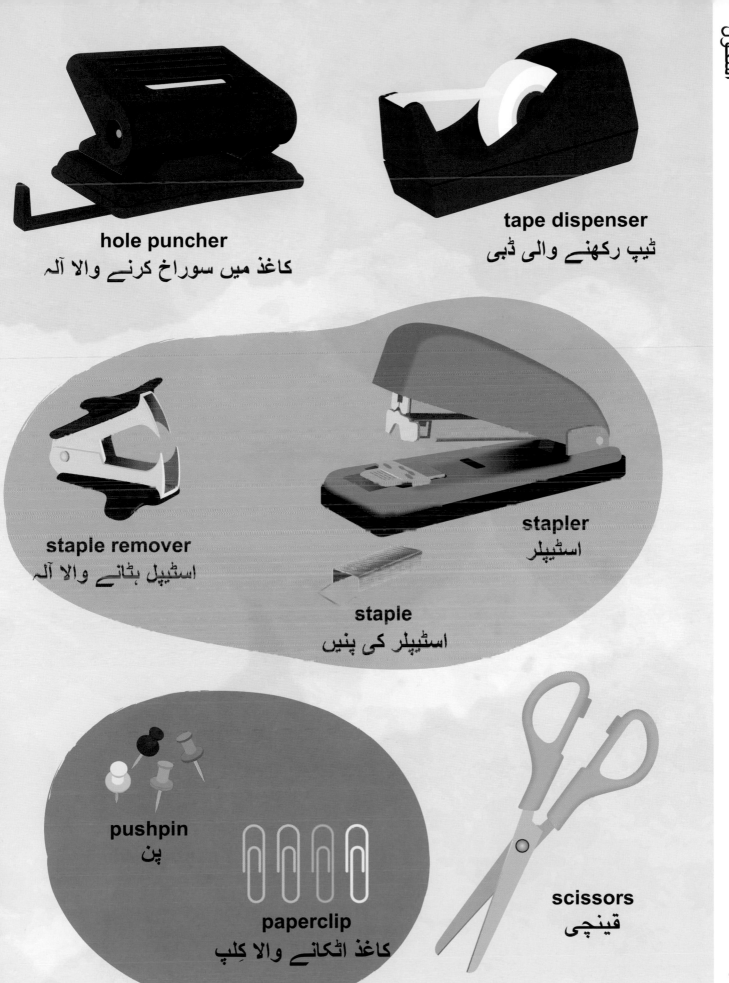

hole puncher
کاغذ میں سوراخ کرنے والا آلہ

tape dispenser
ٹیپ رکھنے والی ڈبی

staple remover
اسٹیپل ہٹانے والا آلہ

stapler
اسٹیپلر

staple
اسٹیپلر کی پنیں

pushpin
پن

paperclip
کاغذ اٹکانے والا کِلپ

scissors
قینچی

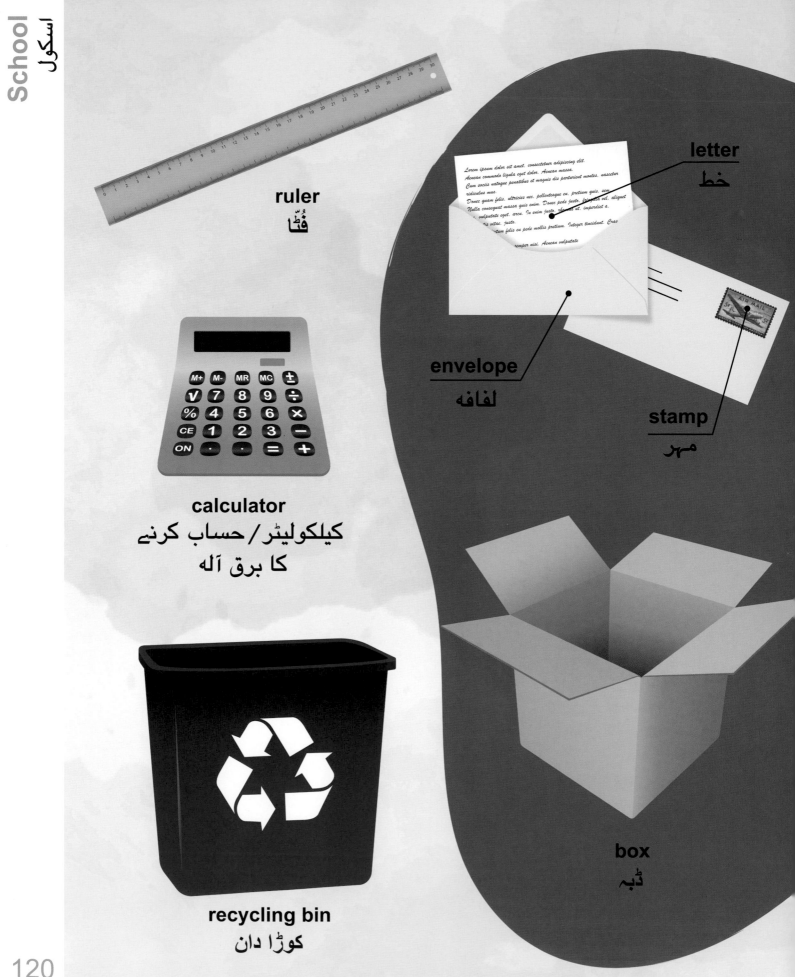

ruler
فُٹّا

letter
خط

envelope
لفافہ

stamp
مہر

calculator
کیلکولیٹر/حساب کرنے
کا برق آلہ

box
ڈبہ

recycling bin
کوڑا دان

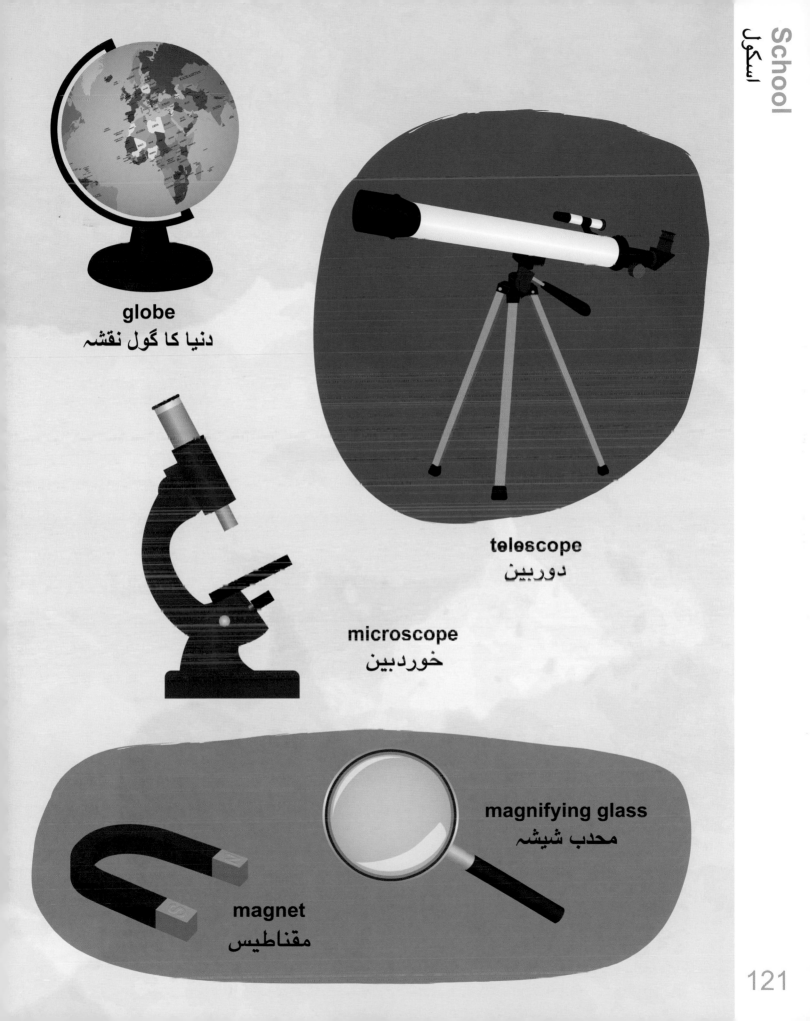

globe
دنیا کا گول نقشہ

telescope
دوربین

microscope
خوردبین

magnifying glass
محدب شیشہ

magnet
مقناطیس

0
zero
صفر

1
one
ایک

1st
first
پہلا

2
two
دو

2nd
second
دوسرا

3
three
تین

3rd
third
تیسرا

4
four
چار

4th
fourth
چوتھا

5 **5th**

fifth
پانچواں

five
پانچ

6 **6th**

sixth
چھٹا

six
چھ

7 **7th**

seventh
ساتواں

seven
سات

8 **8th**

eighth
آٹھواں

eight
آٹھ

9 **9th**

ninth
نویں،نواں

nine
نو

10
ten
دس
10th tenth
دسواں

11
eleven
گیارہ
11th eleventh
گیارہواں

12
twelve
بارہ
12th twelfth
بارہویں۔بارہواں

13
thirteen
تیرہ
13th thirteenth
تیرہواں

14
fourteen
چودہ
14th fourteenth
چودھواں

15
fifteen
پندرہ

15th fifteenth
پندرہواں

16
sixteen
سولہ

16th sixteenth
سولھویں،
سولھواں

17
seventeen
سترہ

17th seventeenth
سترہواں

18
eighteen
اٹھارہ

18th eighteenth
اٹھارہواں

19
nineteen
انیس

19th nineteenth
انیسویں ،انیسواں

20 twenty بیس

20th twentieth بیسویں ۔ بیسواں

30 thirty تیس

30th thirtieth تیسواں

40 forty چالیس

40th fortieth چالیسواں

50 fifty پچاس

50th fiftieth پچاسواں

60 sixty ساٹھ

60th sixtieth ساٹھواں

70 seventy ستر

70th seventieth سترواں

80 eighty
اسّی

80th eightieth
اسّیواں

90 ninety
نوے

90th ninetieth
نوّواں

100 one hundred
ایک سو

100th one hundredth
ایک سوّاں

200 two hundred
دوسو

500 five hundred
پانچ سو

800 eight hundred
آٹھ سو

1,000 one thousand
ایک ہزار

100,000 one hundred thousand
ایک لاکھ

1,000,000 one million
دس لاکھ

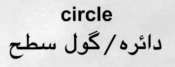

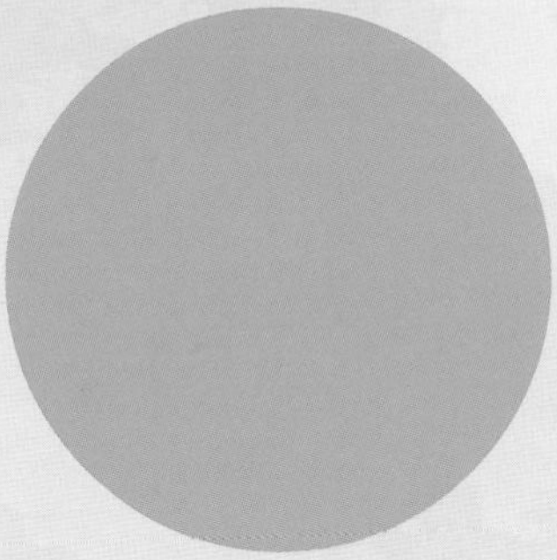

circle

دائرہ/گول سطح

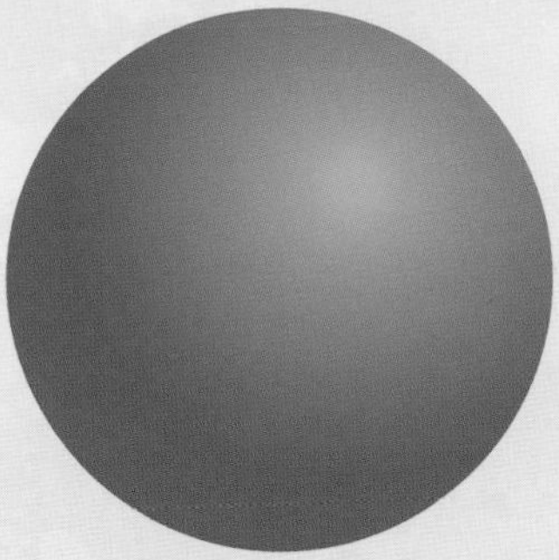

sphere

كره

cone

مخروط شكل

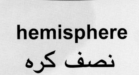

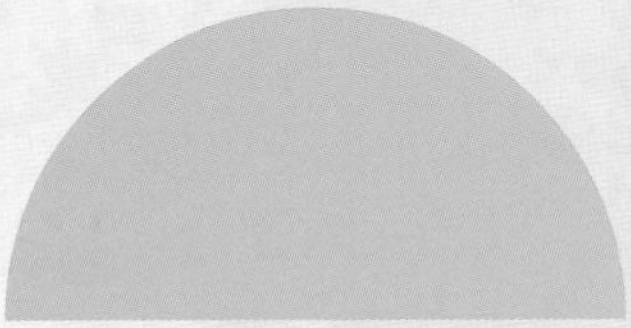

semicircle

نیم دائرہ

hemisphere

نصف كره

cylinder

سلنڈر

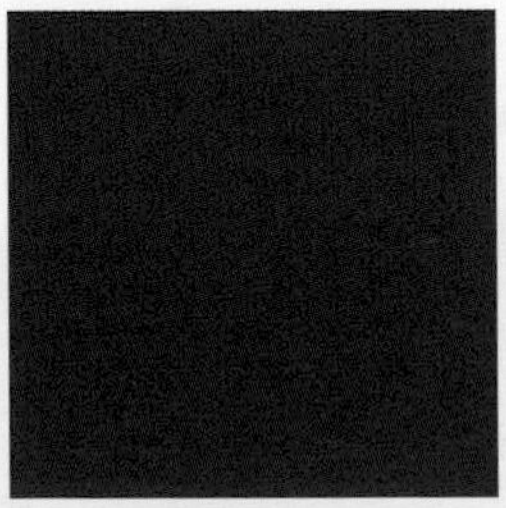

square

مربع، چوكور

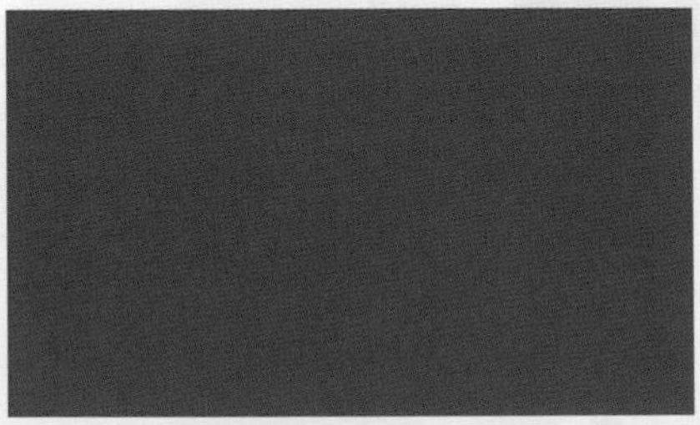

rectangle

مستطیل

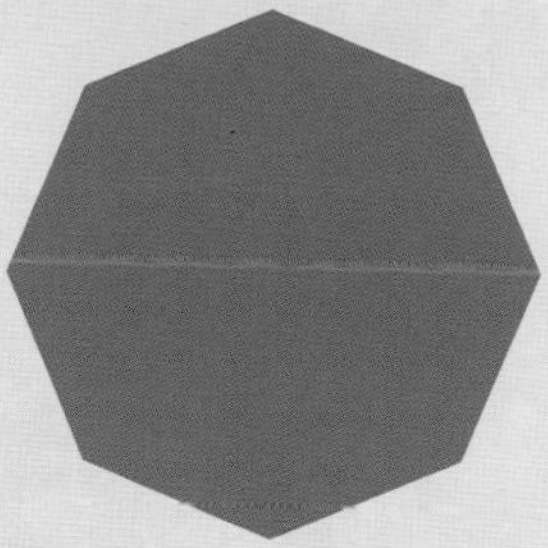

octagon
مثمن (اٹھ پہلو)

pentagon
پنج گوشه شکل

hexagon
مسدس

diamond
هیرا

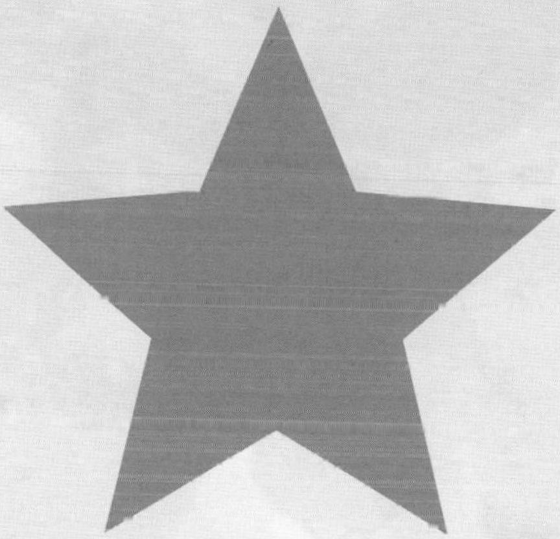

star
ستاره

kite
پتنگ

triangle
مثلث / تکون

pyramid
مخروط مضلع

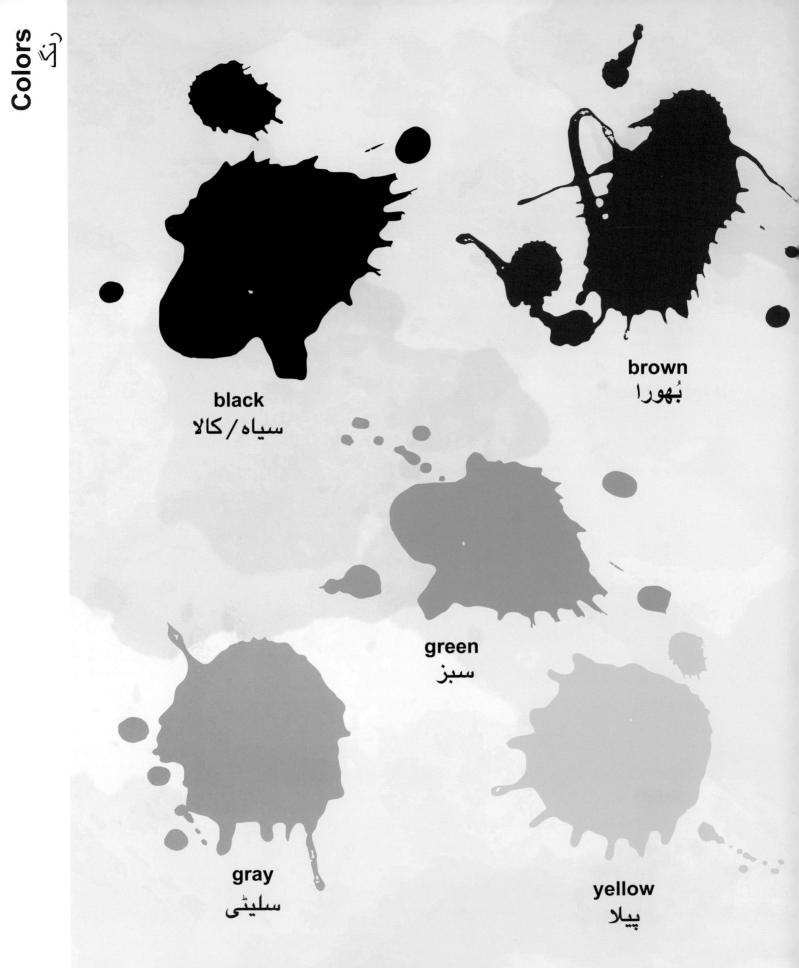

black
سیاہ / کالا

brown
بُھورا

green
سبز

gray
سلیٹی

yellow
پیلا

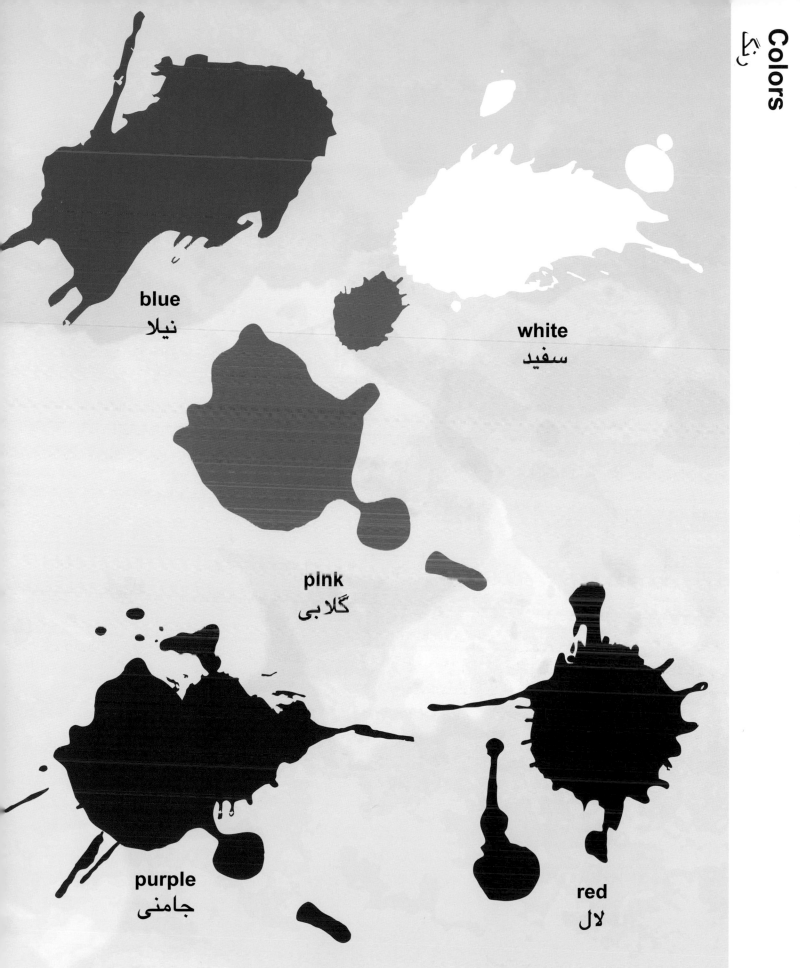

blue
نیلا

white
سفید

pink
گلابی

purple
جامنی

red
لال

It's
apostrophe
صیغہ غائب کو مخاطب کرنے
کی لفظی علامت

Yes,
comma
علامت وقف

like:
colon
دو نُقطوں کا وقفی نشان

self-confidence
hyphen
ڈیش تحریر یا چھپائی میں
وقفے کی لکیر(-)

after...
ellipsis
حذفیہ/تخفیف عبارت

won!
exclamation point
استعجاب کا نشان

When?
question mark
سوالیہ نشان

end.
period
نکتہ (فُل اسٹاپ)

"One day,"
quotation marks
واوین (علامتِ اقتباس)

(almost)
parentheses
قوسین

'good'
single quotation marks
ایک واوین

open;
semicolon
نیم وقفہ

$3+1$

plus sign

جمع کی علامت

$7-3$

minus sign

نفی کا نشان

$8\div2$

division sign

تقسیم کا نشان

2×2

multiplication sign

ضرب کا نشان

$\sqrt{16}$

square root sign

خُود تقسیمی کا عدد

$=4$

equal sign

"برابر ہے" کا نشان

25%

percent sign

فیصد

earth & space

ampersand

لفظ اینڈ / اور کا نشان

he/she/they

forward slash

"/" آگے کا نشان

html\n

backslash

"\" پیچھے کا نشان

info@milet.com

at sign

@ کا نشان